Éditions du
cra
m

M O N T R É A L

Les Éditions du CRAM

1030 Cherrier, bureau 205,
Montréal, Qc. H2L 1H9
514 598-8547

www.editionscram.com

Traduction
Anne Bricaud

Conception graphique
Alain Cournoyer

Dépôt légal — 2e trimestre 2014
Bibliothèque et Archives nationales du Québec
Bibliothèque nationale du Canada
Copyright © Les Éditions du CRAM inc.
Nous reconnaissons l'aide financière du gouvernement du Canada
par l'entremise du Fonds du livre du Canada pour nos activités d'édition.

Gouvernement du Québec – Programme de crédit d'impôt
pour l'édition de livres – Gestion SODEC.

*Société
de développement
des entreprises
culturelles*

 Patrimoine
canadien

Canadian
Heritage

TEXTE INTÉGRAL

TITRE ORIGINAL

Mama Gena's School of Womanly Arts : Using the Power of Pleasure to Have Your Way with the World
© Regena Thomashauer, 2002. Tous droits réservés.

ÉDITEUR ORIGINAL

Simon & Schuster, New York

© Les Éditions du CRAM, pour la traduction française, 2014

Distribution au Canada : Diffusion Prologue

Distribution en Europe : DG Diffusion (France),

Caravelle S.A. (Belgique), Transat Diffusion (Suisse)

Catalogage avant publication de Bibliothèque et Archives nationales du Québec
et Bibliothèque et Archives Canada

Thomashauer, Regena

    [Mama Gena's School of Womanly Arts. Français]

    L'art du bonheur au féminin

    Traduction de : Mama Gena's School of Womanly Arts.

    ISBN 978-2-89721-065-6

    1. Femmes - Psychologie. 2. Femmes - Morale pratique. 3. Plaisir. 4. Réalisation
de soi. I. Titre. II. Titre : Mama Gena's School of Womanly Arts. Français.

HQ1206.T5614 2014   155.3'33   C2014-940967-2

Imprimé au Canada

L'ART du BONHEUR au féminin

Regena Thomashauer
« Mama Gena »

Table des matières

Je remercie ma fille, Maggie, pour m'avoir fait devenir mère. Je la remercie de m'avoir fait prendre conscience du lien qui existe entre moi-même et les aïeules qui m'ont précédée et grâce à qui j'ai pu exister, ainsi que de ce qui me relie aux femmes de maintenant et du futur. Je la remercie de son amour pour moi, et pour la joie que j'éprouve à l'aimer.

À mon père, qui m'a toujours dit que je devrais être écrivaine. Merci. Tu avais raison.

À ma mère, pour sa beauté, son éclat, sa coquetterie, sa prévoyance et son amour si profond.

À Steve et Vera Bodansky, dont l'amour a éveillé des parties de mon âme profondément endormies. Merci de m'avoir ouvert la porte qui donnait sur ma passion. Vous m'inspirez quotidiennement.

À J.B. et Laura, mes amis les plus fantastiques et les plus fidèles. Vous m'avez tant appris sur l'amour et sur la joie qu'un homme et une femme peuvent vivre dans une relation.

À Jen Gates, mon agente. (Oh, quelle excitation que d'avoir une agente…) Pour avoir immédiatement compris qui j'étais, dès le début, et s'être assurée que tout le monde le comprenait aussi.

À Amanda Murray, ma sensationnelle et sexy éditrice. Merci pour cette collaboration de rêve, et pour mon histoire d'amour avec votre esprit. Je vous suis reconnaissante d'avoir bien voulu entrer dans mon monde pour faire de cet ouvrage un grand livre.

À Patrick et Walter Fleming, à Brian Bradley et Josh Patner pour les vêtements – ces magnifiques, merveilleux vêtements.

À Amelia Sheldon, toute ma gratitude et tous mes remerciements pour votre formidable soutien.

Et à toutes mes sœurs déesses, maintenant et pour toujours.

Note de l'auteure

Les anecdotes et les gens dont je parle dans ce livre reprennent des sentiments et des situations que beaucoup d'entre nous ont réellement vécus. Bien que le fond de ces histoires soit vrai, bon nombre d'entre elles sont construites à partir de plusieurs faits réels et, dans la plupart des cas, les noms des individus, ainsi que d'autres détails, ont été modifiés.

Introduction

Soyez sans crainte, Mama Gena est là! Ce livre est la carte du chemin vers la quintessence, vers l'essentiel merveilleux de la femme. Il est le résultat de douze ans de recherches sur ce que nous, les femmes, voulons et sur ce qui nous rend heureuses. C'est un guide pratique destiné à expliquer comment vivre une vie parfaitement comblée.

C'est prometteur, n'est-ce pas?

Pour profiter de cette vie merveilleuse, il faut maîtriser un élément fondamental, que j'appelle les «arts féminins», c'est-à-dire tout un ensemble de compétences et de comportements qui ne vous sont pas inconnus, mais dont vous avez peut-être oublié l'existence. Ces arts permettent à toute femme, si elle les pratique avec passion et enthousiasme, de profiter de tout ce qui, en elle, est merveilleux et formidable. Ils lui donnent le pouvoir de se créer une vie de satisfaction, d'abondance et de plaisir absolu.

∞

Je veux que vous vous mettiez à réfléchir à la vie que vous auriez voulu vivre si vous l'aviez pu. Je veux que vous conceviez votre propre monde imaginaire. Donnez libre cours à la vision de votre vie rêvée, de la vie que vous auriez désirée, et ne laissez personne d'autre que vous-même imposer ses plans sur cette vision. Vous imaginez-vous une vie caractérisée par l'intimité, la famille, les responsabilités, la créativité, une riche vie sexuelle, un emploi du temps flexible, et l'expression de vos émotions? Vous voyez-vous passer de nombreux moments de qualité en tête-à-tête avec vous-même, ou partager des activités avec toute une bande d'amis, de proches et d'enfants? Vous imaginez-vous en train de faire du bénévolat, ou de gagner des sommes astronomiques en avançant dans une carrière ambitieuse? Vous visualisez-vous à la campagne, à la plage ou à la montagne, ou bien dans une petite ville, ou encore dans un appartement urbain? Vous imaginez-vous vivre toute votre vie aux côtés de votre unique amour, ou connaître une existence remplie d'une multitude d'intéressants et excitants partenaires?

Votre vie rêvée est peut-être composée d'éléments de toute sorte. Mais, peu importe à quel point votre vision semble improbable, peu orthodoxe ou «inacceptable», préparez-vous à l'embrasser. Vos sentiments doivent être votre principale priorité, vos désirs sont plus importants que les limites ou le mandat de qui que ce soit d'autre.

Vivre une vie agréable n'est pas une nécessité. Ce n'est pas une obligation. On nous enseigne à travailler dur, à étudier avec assiduité, et à nous priver. Mais qui nous enseigne le plaisir? Qui nous apprend à rire quand nous en avons envie, à nous concentrer sur le plaisir de sentir les caresses du soleil sur notre peau, ou à nous lancer à corps perdu et avec enthousiasme dans un projet en tentant de décrocher la timbale? La plupart d'entre nous ont presque oublié qu'il est possible de vivre une vie pleine de plaisir. Pourtant, en tant que femme, vous avez droit au plaisir dès la naissance. Voilà le grand secret que je m'apprête à vous révéler.

Vos rêves, vos désirs ne sont pas excessifs. Ils sont absolument parfaits pour vous. Et vous pouvez les réaliser rapidement et facilement si vous passez avec moi la porte du plaisir. Cette porte a toujours été là. Je vais juste vous rappeler où se trouve la clef et vous pousser gentiment vers le bonheur et le succès, peu importe ce qui constitue, pour vous, bonheur et succès. Je suis venue vous affirmer que toute femme peut être créative, sexy et heureuse, et avoir une merveilleuse relation avec son partenaire de vie. Beauté et glamour sont à votre portée, et le ravissement, le plaisir et l'amusement peuvent jouer un très grand rôle dans votre vie.

En travaillant auprès d'innombrables femmes en tant que facilitatrice et chercheuse dans le domaine des relations, j'ai découvert que le plaisir qu'éprouve une femme produit un effet électrisant sur elle-même, ainsi que sur les autres. Il suffit qu'une femme se mette à penser à ce qui lui donne du plaisir pour qu'elle commence à en ressentir. Et si cette femme peut faire part de ces délicieuses pensées à quelqu'un d'autre, cette personne chanceuse va aussi ressentir leur rayonnement. Je sais bien, oui, cela semble si simple. Mais, voyez-vous, personne n'a pris l'habitude de remarquer la puissance du plaisir.

Tant de gens se sont penchés sur les problèmes des femmes et ont tout fait pour tirer le plus possible de la tristesse des femmes dans leur ensemble ! Nous sommes entre les griffes des psychothérapeutes, des cliniques d'amaigrissement et des sociétés de cartes de crédit, entre autres, et nous n'en sommes pas plus heureuses pour autant. J'ai consacré bien du temps à étudier le malheur des femmes (dont le mien), et cela ne m'a apporté aucun plaisir. J'ai finalement décidé de plutôt étudier leur plaisir. Personne ne le faisait, en fait. C'était un champ d'étude complètement inexploré, je n'avais pas de concurrence. Peu de gens semblaient avoir le temps ou l'envie d'explorer le plaisir, les façons de le connaître et les bénéfices qu'on peut en retirer. Or, ce que j'ai découvert s'est avéré merveilleux, bien plus que j'aurais pu le rêver. J'ai appris que cette énergie, c'est-à-dire le plaisir que les femmes sont capables de vivre, est la ressource naturelle la plus inexploitée de la planète. J'ai découvert que lorsqu'une femme est heureuse et comblée, ceux qui l'entourent en profitent aussi. Une femme satisfaite peut être une source de joie et de prospérité pour toute sa communauté.

Cette révélation m'a poussée à étudier ce que j'ai appelé les arts féminins. Ce sont les compétences qui nous permettent d'aller puiser quotidiennement dans la joie, l'énergie, le plaisir et l'amusement. En bref, ces arts sont les suivants :

- Le premier art féminin, qui est aussi le plus important, est la capacité à déterminer vos désirs. Mama est là pour vous aider à découvrir ce que vous voulez vraiment et pour vous montrer comment *éveiller vos désirs*. Certaines femmes (peut-être même la plupart des femmes) ne savent même pas ce qu'elles veulent. Nous allons dorloter vos désirs tout neufs, jusqu'à ce qu'ils aient grandi et soient forts et solides.

- Le deuxième art féminin est l'art de *vous amuser*, peu importe où vous vous trouvez. Je vais vous aider à trouver une façon de prendre du bon temps, que vous soyez chez le nettoyeur, assise à votre bureau, en train de discuter avec votre belle-mère ou de remplir votre déclaration de revenus.

- Le troisième des arts féminins que je vais aborder est l'art de la *volupté*. L'instinct féminin nous oriente vers le plaisir et il vous appartient d'utiliser chaque magnifique parcelle de votre corps pour vous épanouir. Les femmes ont une plus grande prédisposition au plaisir – un instinct, une compréhension innée du plaisir – pour la simple raison qu'elles sont des femmes. Après tout, nous disposons d'un organe dont l'unique fonction est le plaisir. Vous allez en apprendre davantage sur votre instrument et sur son potentiel.

- *Le flirt* est un autre art féminin. C'est une façon formidable de rendre votre vie excitante. Une femme qui a réussi à maîtriser son talent de flirteuse se sent merveilleusement forte.

- Quand on se sent assez bien dans sa peau pour flirter, on se sent assez en forme pour pratiquer l'art féminin de *reconnaître sa propre beauté*. Mama va vous inciter à décider que vous êtes, minute après minute et jour après jour, la créature la plus superbe et sexy du monde. Pourquoi ne pas le faire, puisque vous l'êtes effectivement ?

- Je vais aussi vous encourager à *devenir amie avec votre garce intérieure*. Apprendre avec vivre avec celle-ci est tout un art. De plus, comme vous le savez, si vous êtes sur le point de livrer une bataille, vous voulez cette garce à vos côtés ! Mama va vous montrer comment vous en assurer.

- L'art de *conquérir et manœuvrer les hommes* est encore un autre art féminin. Vous le saviez déjà. Nous allons nous pencher sur les façons dont le plaisir d'une femme (en l'occurrence, le vôtre) peut vous aider tous les deux à vivre aussi heureux que les héros d'un conte de fées.

• Le dernier art féminin que nous allons apprendre à maîtriser est l'art d'*inviter l'abondance*. Les femmes possèdent un étrange pouvoir d'attraction. Vous allez apprendre à faire apparaître dans votre vie tout ce que vous souhaitez, que ce soit un nouveau manteau, une place de stationnement ou un nouvel emploi pour votre meilleure amie.

Dans ce livre, Mama va expliquer clairement toutes les compétences, les occasions et les chemins qu'une femme peut mettre à profit ou emprunter dans le but d'atteindre la satisfaction avec enthousiasme. Au passage, nous allons explorer vos intuitions les plus profondes, vos désirs les plus importants comme les plus insignifiants, et votre plaisir, c'est-à-dire celui que vous procurent vos cinq sens. Je vais vous montrer le pouvoir qui accompagne l'acceptation de nos contradictions, quand on assoit côte à côte Élégant et Affriolant, ou quand on enfile la même robe de bal à Vulgaire, Raffiné, Exagéré et Discret, en même temps. Nous placerons Timide à la place qui lui convient, c'est-à-dire près de Détendu. Nous inviterons Hilarité débridée à venir perturber les soupers les plus délicats. Vous réaliserez que Vorace et Virginal ne sont pas incompatibles. Dans les pages de ce livre, Désir sexuel est louangé, et Répression exécrée. Les effluves d'une fraîche transpiration sont bien plus divins, sur la peau, que du Chanel No.5.

Vous allez vite apprendre qu'il vaut toujours bien mieux faire quelque chose d'amusant qu'avoir des douzaines d'engagements. Selon moi, la chose la plus importante à faire, à chaque instant, est toujours d'obtenir une bonne dose de contentement. Je vais vous aider à vous rendre compte qu'on a toujours le temps d'inclure de la passion à ce qu'on fait, peu importe sous quelle forme. Et de la gratitude. Des pluies de gratitude et de mercis sont à l'ordre du jour.

Pour se lancer dans l'apprentissage des arts féminins, il suffit de commencer par adopter une attitude positive. Partez du principe que, en tout temps, quelque chose de bien, ou même de formidable, est sur le point de vous arriver. C'est dans votre main manucurée que se trouve la manette qui contrôle votre ravissement. Quoi qu'il arrive, vous pouvez – et allez – vous en servir pour vous rendre heureuse. En toutes circonstances, c'est vous qui avez l'avantage. Vous apprendrez que vos désirs, quels qu'ils soient, ne vont pas simplement se réaliser, mais qu'ils seront améliorés, augmentés, et qu'ils seront même agrémentés d'une petite cerise tout en haut, sur le glaçage. La plupart des femmes passent leur temps à se lamenter sur leur passé, au lieu de se concentrer sur ce qu'elles veulent maintenant. Vous allez bientôt vous rendre compte qu'on atteint l'extase en bondissant vers nos désirs, malgré les obstacles. Ce que vous pourriez bien trouver le plus surprenant, c'est que le pur égoïsme peut mener à une véritable générosité.

Nous allons contourner et éviter le doute, le jugement et la désapprobation. Nous allons laisser le passé là où il se trouve et apprécier le présent encore davantage en nous concentrant sur des rituels, des exercices et de nouvelles perspectives qui vont matérialiser vos rêves et vos désirs, les rendre réels, *maintenant*. Vous êtes sur le point de devenir une femme comblée. Une femme comblée peut passer un merveilleux moment à laver la vaisselle ou à changer un pneu, tout comme à se faire satisfaire au lit. Étant donné qu'elle est intime avec la joie, elle peut la faire apparaître n'importe où. Elle n'est pas limitée par les circonstances, l'argent, l'éducation, le contexte ou la géographie. Elle n'a pas besoin de trouver le « bon » gars pour passer une bonne soirée. Elle est capable de tirer le meilleur de n'importe quel homme. Elle n'a pas besoin d'être habillée à la dernière mode pour se sentir belle, elle sait qu'elle rayonne de l'intérieur, peu importe ce qu'elle porte.

Une femme comblée ressent en permanence la richesse et les privilèges de la vie elle-même, parce qu'elle sait que, où qu'elle soit, par la simple force naturelle de son existence, tout est possible. Ressentir cela est merveilleux. Si vous êtes prête à ressentir la même chose, si vous êtes prête à connaître une joie débridée et une passion débordante malgré les défis de la vie, tournez cette page et commencez ce cours : le cours de succulence, de démesure, à l'École des arts féminins de Mama Gena.

Leçon 1

Les arguments en faveur du plaisir

Je sentais qu'il était temps de s'amuser. J'avais usé presque toutes mes pensées, tout mon temps et mon énergie dans mon effort créatif. Et ces restrictions imposées aux pulsions amoureuses, tous les psys vous le diront, créent la plus forte envie qu'on puisse éprouver. Quand on sublime la pulsion sexuelle pour l'utiliser dans la création, on passe mentalement à la vitesse supérieure. Je l'admets. Mais ce n'est pas dans ma nature de refouler trop longtemps le plaisir prévu par la nature. J'espère que je ne donne pas l'impression de penser que j'ai découvert le baume secret qui apaiserait l'univers, mais je voulais tout de même ajouter ma petite note au sujet.

MAE WEST

Exemple 1. Situation :

Vous êtes seule, en voiture, et vous faites un long trajet. Vous avez un peu faim, vous êtes un peu de mauvaise humeur, mais vous avez tellement hâte d'arriver à destination que vous ne vous arrêtez pas en route. Vous continuez à vous forcer, en ignorant votre sentiment de gêne, afin d'avancer plus rapidement.

Exemple 2. Situation :

Vous faites un long trajet en voiture, avec deux amies. Vous avez emporté de délicieuses collations et êtes en train de grignoter des crudités que vous trempez dans du guacamole. À la radio, Aretha chante à tue-tête, et, par moment, vous chantez en chœur. Vous avez prévu une pile de CD et des livres audio, dont *Histoire d'O*. Bien que vous ayez une destination, vous vous arrêtez à chaque endroit intéressant, en chemin : les centres commerciaux ou les endroits appelés « Crique de la rivière perdue » ou « Musée de l'anchois – le seul au monde ! ».

Quel voyage préféreriez-vous faire, le premier ou le deuxième ?

Le deuxième ? Bon choix. Savez-vous pourquoi ?

C'est en faisant le deuxième voyage que vous arriveriez le plus vite. Là encore, savez-vous pourquoi ?

Comme la femme du premier voyage ignore son propre ressenti depuis plus de cent cinquante kilomètres, elle n'a pas remarqué le voyant lumineux qui s'est allumé sur son tableau de bord, alors son moteur a surchauffé. Maintenant, elle est assise sur le bas côté, elle jure et attend d'être secourue par les femmes qui font le deuxième voyage.

Cet exemple illustre bien ces deux possibilités : *une vie sans plaisir* et *une vie incluant le plaisir*.

Dans cette leçon, nous allons explorer ensemble le monde du plaisir. Nous allons examiner tout ce qui peut faire partie d'une vie agréable. Pourquoi ? Parce que le plaisir nous permet de rester clair, nous rajeunit, nous rafraîchit, qu'il nous permet de garder une longueur d'avance. Le plaisir nous fait faire des voyages merveilleux, et nous arrivons toujours à destination plus tôt que prévu. Quand le plaisir n'est pas notre priorité, on se retrouve dans des endroits où on n'avait pas envie d'aller. Tellement d'entre nous sont programmés à choisir le premier voyage, parmi les exemples donnés plus haut, que nous souffrons de ce qu'on appelle « anhédonie » (littéralement, *absence de plaisir*). L'anhédonie est un symptôme médical, c'est-à-dire une des manifestations de certaines maladies. Elle est caractérisée par l'absence de plaisir dans la vie quotidienne, même lorsque les activités ou les situations seraient habituellement considérées comme agréables. Les gens se détournent de l'amusement. Prendre le temps de se faire plaisir semble presque blâmable, égoïste, voire légèrement prohibé.

Nous sommes conditionnés par la société à vouer un culte à la douleur. « On n'a rien sans rien ». « Il faut souffrir pour être belle ». On retrouve ce concept partout : Jésus sur la croix, le péché originel, l'éthique de travail puritaine. Qui prend encore une heure pour déjeuner, le midi ? (Nous le faisions, auparavant.) Qui rentre du travail à 5 heures ? (À 5 heures, on n'a fait qu'une demi-journée de travail !) Même nos amis d'Amérique latine sont en train d'abandonner le rituel centenaire de la sieste. Il fut un temps où nous nous moquions des Japonais, parce qu'ils travaillaient si dur. Maintenant, nous nous en rapprochons dangereusement.

Le plaisir existe toujours. Ce n'est simplement pas une priorité. Prendre du plaisir est un art perdu. Il suffit d'observer un enfant pour remarquer à quel point le plaisir nous est pourtant directement accessible. Un enfant passe d'une chose agréable à une autre, s'interrompt pour verser quelques larmes, reporte son attention sur une distraction, puis recommence à prendre du plaisir. Le plaisir lui est plus important que la nourriture. La journée d'un enfant est

entièrement consacrée au plaisir. Le plaisir n'est pas insigni-
fiant. Il nous guide, nous instruit, déploie notre créativité,
nous éduque. On intègre plus profondément les appren-
tissages effectués dans le plaisir et dans l'amusement que
ceux que l'on fait sous la pression ou simplement par cœur.

J'ai eu l'idée de mettre sur pied l'École des arts féminins
de Mama Gena en regardant le film *La courtisane*. Dans un
passage, Jacqueline Bisset dit à sa fille, qui se prépare à devenir courtisane : « Pour pouvoir donner du plaisir, tu dois
connaître le plaisir. » Cette scène se déroulait à Vienne, au
XVIe siècle, et était vraiment magnifique. J'ai été fascinée
par l'idée de cette femme, superbe et sensuelle, révélant à
sa fille les secrets du plaisir et de la sensualité. Bon sang, si
on m'avait raconté cela, j'aurais pu en tirer profit immédiatement après la puberté, au lieu de perdre des années em-
pêtrée dans la confusion et la désinformation. Imaginez que
votre mère vous ait enseigné le nécessaire pour que, le jour
venu, vous puissiez apprécier le goût, la douceur et l'odeur
de votre premier baiser ! Ou qu'elle vous ait appris que
peler une orange ou manger une asperge pouvait être une
méthode de séduction. Ou encore que vos yeux, ces miroirs
de votre âme, peuvent lancer l'étincelle qui déclenchera
un flirt. Imaginez que votre maman ait été là, à vos côtés,
quand vous avez commencé votre épanouissement sensuel.
Que cela aurait été délicieux, et combien inhabituel.

J'avais trouvé ma vocation. J'allais devenir la Reine du
plaisir. Un concours de circonstances m'avait permis d'avoir
cette révélation. Je venais de devenir mère. Bruce, mon
mari, et moi donnions ensemble des cours de sensualité,
de communication et de relations depuis environ sept ans.
Depuis un moment, j'avais l'impression d'avoir quelque
chose d'autre à dire aux femmes, et seulement aux femmes.

Cela faisait aussi quelque temps que mon passe-temps consistait à étudier les anciennes religions de la déesse mère. Je me suis rendu compte que le lien entre toutes mes expériences et tous mes champs de recherche était l'importance divine du plaisir. Du plaisir féminin. Mama Gena et son École des arts féminins étaient nés.

Il y a 5000 ans, et depuis 30 à 50 siècles plus tôt, l'humanité vénérait une divinité féminine. Le dieu était une déesse. D'après les très maigres informations dont on dispose sur ce fantastique bon vieux temps, il semble que les pratiques religieuses étaient alors franchement différentes de nos pratiques actuelles. Ces pratiques comprenaient des danses, la célébration des saisons, de la sensualité, des mercis en abondance, de l'adoration et de l'émotion pleine d'enthousiasme. Ce n'est pas vraiment l'ambiance qui baigne nos lieux saints de nos jours. Aujourd'hui, tout repose sur les hommes, voici un rabbin, et là, c'est le pape, et, regardez, des moines! Dans l'Antiquité, il n'était pas nécessaire de rester tranquille et en silence, à se repentir; il n'était pas question de culpabilité à porter pour des péchés, originels ou non. Je me suis sentie inspirée par l'idée d'une grande fête pour célébrer notre gratitude envers la vie. C'est ainsi que la **déesse mère** est devenue un thème si puissant dans les cours de l'École des arts féminins de Mama Gena. J'appelle « **sœurs déesses** » les participantes qui suivent mes cours, afin de nous rappeler que toutes les femmes de la planète sont sœurs, et que nous sommes toutes les descendantes des adoratrices de la déesse mère. En fait, nous sommes toutes des déesses. D'accord, cela, c'est seulement l'opinion de Mama. Mais pensez-y bien : quand on traite une femme comme une déesse, elle se montre à la hauteur. Voilà un conseil qui peut aider les hommes à aller bien loin dans le monde des femmes. Adorez-la, et elle vous le donnera le meilleur d'elle-même.

En tant que sœur déesse, j'ai fait du plaisir la ligne directrice de ma vie, de ma famille et de mon travail. Si quelque chose n'est pas agréable, nous ne le faisons pas. Si une chose nous apporte du plaisir, nous la faisons. Et parce qu'aucune action ne devrait nous être agréable si elle faisait du mal ou nuisait à quelqu'un d'autre, le plaisir est moral dans le sens le plus profond du terme.

Tout ce qu'il vous suffit de faire, c'est de choisir de vous sentir bien. Le plaisir est un choix, tout comme la haine ou la tristesse sont des choix. Le plaisir ne se trouve pas nécessairement dans le résultat, par exemple dans l'obtention d'une promotion ou d'un emploi désiré; le plaisir n'est pas uniquement une retombée d'une augmentation fraîchement obtenue dans le but de gagner le même salaire que le gars du bureau d'à côté. On prend du plaisir quand on fait le travail qu'on aime, celui pour lequel on était destiné, ou bien quand on a la liberté d'expérimenter suffisamment pour déterminer quel est ce travail, justement, que l'on devrait faire. Le plaisir vient du fait de reléguer l'argent en seconde position sur notre liste des priorités, après notre satisfaction, qui devrait toujours être notre priorité. Le plaisir n'a rien à voir avec le fait de se marier ou de rester célibataire. Il accompagne le courage de se considérer citoyenne ou citoyen sensuellement libre. Pour une certaine femme, cela peut signifier avoir de nombreux amants, pour une autre, être monogame, et pour une troisième, être célibataire. C'est vous, ma chère, qui décidez. Le plaisir, c'est se donner la permission d'explorer ses goûts et envies librement et sans se sentir coupable.

Le plaisir, c'est là, maintenant. C'est l'endroit où vous décidez de vous trouver. Auntie Mame, dans le film éponyme, dit : « La vie est un banquet, et la plupart des pauvres minables meurent de faim ! » Ne soyez pas une pauvre minable. Dirigez-vous vers la table du banquet. Une place vous y est réservée.

Je préconise une vie centrée sur la recherche du plaisir, ce qui exige de travailler avec ses cinq sens. Pour la plupart des gens, cela implique de repousser ses limites. Nous sommes conditionnés à nous détourner du plaisir, à l'ignorer, à l'abandonner. Quand on commence à l'explorer, on a un peu l'impression d'être vilain, ou de chercher les problèmes, comme quand on se glissait hors de la maison après le couvre-feu, quand on était adolescent. Ce qu'on ressent ressemble à « C'est vraiment super agréable, mais cela doit être mal, et il pourrait y avoir des conséquences. » En général, on a besoin d'une bonne excuse pour bien se traiter soi-même, comme sa propre fête, par exemple. Imaginez que vous vous portiez quotidiennement autant d'attention que le jour de votre fête. Vous pourriez enfiler vos vêtements préférés, prendre un long bain délicieux, manger précisément ce dont vous avez envie, aller faire une promenade, magasiner, aller voir des amis. Et si nous nous inventions une vie où tout ce que nous venons de mentionner serait la règle plutôt qu'une exception, une vie où chaque jour était centré sur notre plaisir, notre passion, notre contentement ?

Cela sonne un peu égoïste, non ? Eh bien *non*, ce ne l'est pas. Car on ne peut pas être vraiment généreux tant que ce qu'on donne ne provient pas de nos propres surplus. En d'autres termes, tant qu'on n'a pas ce dont on a besoin, il ne peut rien rester à donner aux autres. Certaines personnes peuvent n'avoir qu'un dollar en poche et pourtant avoir du surplus. D'autres se sentent pauvres même en possédant un million de dollars. Notre exploration des arts féminins va porter sur les expériences et les circonstances qui nous permettent de créer une vie réellement comblée.

Vous allez découvrir que, pour profiter d'une vie agréable, il faut exercer une vigilance constante. Restez fidèle à vos désirs, écoutez vos instincts. Pour certaines d'entre vous, cela peut impliquer de ne permettre à quelqu'un de vous toucher que lorsque vous avez envie d'être touchée, et de ne toucher l'autre que quand vous le désirez. Pour certaines autres, cela signifie d'éviter le piège commun qui consiste à se tenir à la disposition des autres en espérant qu'ils nous traiteront bien en retour. Épouser le plaisir, c'est regarder en soi pour découvrir ce qui nous ferait du bien, puis donner suite à ces découvertes en accomplissant toutes les activités qui peuvent nous contenter. Parfois, ce sera de refuser l'offre faite par quelqu'un, qui vous procurera du plaisir. D'autres fois, le plaisir vient de faire quelque chose pour la simple joie de voir ce contentement sur le visage d'autrui.

Quand une femme commence réellement à porter attention à ses désirs – ah! c'est alors que le vrai plaisir commence! C'est tellement amusant de vouloir quelque chose. C'est amusant d'avancer vers la satisfaction de ce désir. C'est même amusant de changer d'avis. Et c'est tellement plaisant de voir d'autres personnes se joindre à nous dans cette quête de nos désirs. C'est un plaisir d'être une femme qui apprécie ses désirs, et c'en est un aussi d'avoir dans son entourage une de ces femmes. C'est cet appétit qui fait tourner le monde. Et quand une femme se sent bien de vouloir ce qu'elle souhaite – quand elle se sent à l'aise de vouloir, et qu'elle est sûre qu'elle peut et va obtenir ce qu'elle veut – tout le monde passe du bon temps.

De bonnes choses arrivent à ceux qui se sentent bien. Et une femme qui sait ce qu'elle veut et fait ce qu'il faut pour l'obtenir nous inspire tous à faire la même chose. Voilà le but que Mama a donné à son École des arts féminins : que les femmes s'inspirent les unes les autres et se poussent mutuellement à vivre la meilleure des vies en se lançant dans la recherche du plaisir plutôt qu'en adoptant la philosophie « on n'a rien sans rien ». Je compare le rôle que je joue vis-à-vis de mes sœurs déesses à celui d'un soufflet qui attiserait la flamme de leurs désirs. Nous voulons tous que s'ouvrent à nous de nouvelles possibilités, de nouveaux chemins, pour réaliser nos rêves. Le plaisir à nos côtés et la déesse mère derrière nous, nous pouvons nous créer des vies riches et gratifiantes à tous les niveaux.

Il faut faire preuve d'une vraie indépendance, de courage et détermination, et avoir une profonde connaissance de soi pour réaliser ses authentiques désirs profonds, car on est la seule personne capable de les définir, et la seule à vraiment souhaiter qu'ils se concrétisent. Ce voyage se fait en solo, ma beauté ! Mais, maintenant, Mama est là pour vous aider à vous lancer sur le chemin du plaisir. Et, dans notre culture, où le plaisir ne figure pas en haut de la liste des priorités, nous avons bien besoin d'attiser la flamme.

Voici quelques-uns des principes de base de l'École des arts féminins de Mama Gena. Qu'ils vous guident vers les terres de vos désirs, souhaits, espoirs et rêves. Ces principes vont être la base de toutes les leçons à venir. Prenez-en bonne note, ma chérie, et préparez-vous à vous amuser davantage et vous sentir plus libre que vous l'auriez jamais cru possible.

Décidez qu'il n'y a aucun autre endroit où il vaudrait mieux être que celui où vous vous trouvez

Je vais vous dire un petit secret : pour commencer à être heureuse, il vous faut chercher le bonheur LÀ OÙ VOUS VOUS TROUVEZ. C'est une étape clé. Nous sommes nombreuses à difficilement accepter notre propre légitimité; pourtant, les adorateurs de la déesse mère se sont entraînés à le faire pendant des siècles. Ce n'est qu'au cours des cinq derniers millénaires, ce minuscule instant dans l'histoire de l'humanité, que nous nous sommes mis à désapprouver notre corps, ce « nous » essentiel.

Mais des milliers et des milliers de personnes ont décidé d'échapper au doute, au jugement et au dégoût d'elles-mêmes et sont prêtes à faire ce qu'il faut pour devenir des sœurs déesses. Or, une étape clé pour devenir une sœur déesse à part entière consiste à faire rigoureusement la fête précisément là où on se trouve.

J'ai moi-même dû trouver mon propre point de départ pour devenir une déesse. Il me fallait trouver la perfection là où je me trouvais, c'est-à-dire là où, depuis des années, je me disais que rien n'allait. Vous ferez un pas de géant si vous réalisez que ce n'est pas Mama Gena qui, avec une petite tape sur la tête, vous lance sur le chemin du plaisir, mais que chacune s'y engage en prenant une simple décision essentielle : on doit simplement admettre que ce qu'on a, en ce moment précis, est bon et bien. On ne doit pas se dire : « Ma vie serait belle si… » ou « Ma vie aurait été belle si seulement… » Non, ma chérie, notre vie est belle et bonne maintenant. Vous avez eu l'idée de génie de choisir et ouvrir ce livre, n'est-ce pas? Et je l'ai écrit au bon moment, à une époque et dans un endroit qui allaient permettre à nos chemins de se croiser. Si je l'avais écrit il y a cent ans, il aurait été épuisé aujourd'hui, et si je ne l'avais pas écrit avant un autre siècle, vous n'auriez plus été là pour le lire. Notre époque, c'est maintenant. Vous êtes ma sœur et vous êtes une déesse. Cela m'est égal que vous gagniez votre vie en nettoyant des toilettes, ou que vous n'ayez jamais eu d'orgasme, ou encore que vous soyez aveugle, sourde ou en fauteuil roulant. Cela m'est égal que vous gagniez des millions, que vous vous détestiez, que vous buviez trop ou que vous pesiez cent quarante kilos. Vous êtes ma sœur et vous êtes une déesse. En tant que telle, vous avez le pouvoir de vous créer l'existence que vous souhaitez, peu importe à quel point votre vie est morne, présentement.

Il faut faire preuve d'un courage des plus inspirants pour accepter la valeur de ce qu'on a. SD[1] Helen, fille de thérapeutes, a passé sa vingtaine à tenir ses parents pour responsables de son manque de succès et du peu d'amour et de bonheur qu'elle connaissait dans sa vie. Faire ces reproches ne l'a jamais rendue heureuse. En fait, cela l'a rendue de plus en plus malheureuse. Elle s'est mise à traîner avec d'autres personnes malheureuses. Quand je l'ai rencontrée, elle venait de couper les ponts avec sa meilleure amie, une consommatrice de drogues à qui elle avait donné des milliers de dollars. Elle s'est traînée lamentablement dans l'École de Mama Gena, et la première chose que nous lui avons dit est : « Célèbre et apprécie ton MAINTENANT. N'attends pas que les choses changent. Cherche la perfection dans ta vie actuelle, telle qu'elle est, à cet instant précis. Vois ce que tu regardes. Bien sûr, nous voulons que tu réfléchisses à ce que tu veux, mais cela arrivera bien plus vite si tu aimes ton maintenant. »

....
1   SD : sœur déesse

Alors SD Helen a regardé autour d'elle. Pas d'amis, pas de carrière, pas d'amoureux. À première vue, c'était plutôt déprimant. Elle n'était pas vraiment d'humeur à célébrer cela. Elle n'était pas habituée à voir les bonnes choses. Elle avait envie de pleurnicher et se sentait un peu incomprise. Elle n'avait pas franchement envie de chercher le beau, merci bien. Elle était attachée à sa misère. Puis, elle a pris conscience de quelque chose. Cela faisait une dizaine d'années qu'elle pratiquait la misère. Elle s'est rendu compte de ce que cela lui avait apporté, et a réalisé qu'elle en avait finalement assez. Il était temps pour elle d'essayer du nouveau, peu importe à quel point c'était effrayant ou étrange. Cela ne pouvait qu'être mieux que cette vieille habitude de se considérer comme une victime. Elle a donc regardé autour d'elle en adoptant un nouveau point de vue.

Elle s'est rendu compte qu'elle avait traversé la période d'épidémie de SIDA sans l'attraper; qu'elle avait échappé au sort de tant de personnes de son âge, qui étaient maintenant aux prises avec des divorces ou au milieu de batailles juridiques pour obtenir la garde de leurs enfants. Personne n'exigeait d'elle qu'elle leur accorde du temps ou leur donne de l'argent. Elle avait son propre appartement. Elle pouvait aller et venir à sa guise. Elle était libre, en bonne santé et prête pour l'aventure, dans une des villes les plus merveilleuses du monde. Une semaine plus tard, Helen a rencontré celui qui allait devenir son mari. Je suis persuadée que c'était la conséquence directe de son choix courageux de s'aimer elle-même et d'aimer sa vie. Elle a arrêté de faire des reproches à ses parents et ses amis, et de s'en faire à elle-même. Elle a cessé d'être une victime, et ce n'était pas après avoir suivi une thérapie pendant des années, mais parce qu'elle avait décidé de voir la perfection de sa situation. On dirait bien que la déesse mère rôde en périphérie de nos vies, n'attendant que le moment où nous allons prendre la décision que la vie est belle. Dès que nous nous prenons en main, elle nous donne le coup de main le plus inattendu et nous fait faire un bon de géant vers nos rêves. On commence à aimer la vie, et la déesse nous donne un coup de main.

Aimez votre chair

Chaque fois que je parle de l'importance d'accepter le plaisir dans nos vies, je me rappelle une scène fabuleuse de *Beloved*, ce film génial d'Oprah Winfrey. Peut-être l'avez-vous vu, ou vous avez peut-être lu le roman de Toni Morrison, dont ce film est tiré. Dans cette scène, une femme âgée nommée Baby Suggs rassemble tous les esclaves affranchis dans les bois. Elle exhorte les enfants à rire, incite les hommes à danser, et dit aux femmes de pleurer. Baby Suggs aide ceux qui l'entourent à s'accepter tels qu'ils sont, à redécouvrir la gamme d'émotions et le type de vie que, en tant qu'esclaves, ils ont appris à réprimer. Elle lève sa main noueuse et dit : « Aimez votre chair ! » Toni Morrison sait que la quête de la liberté commence non pas par l'idée ou la théorie de l'autoappréciation, mais bien par un acte d'amour de soi-même.

De bien des façons, nous vivons dans une culture qui nous enseigne à détester notre chair et à dévaloriser notre existence physique. Mais nous pouvons, et devons, apprendre à aimer notre chair. Cet amour nous protège. Aimez votre chair, et vous aurez fait un pas très important vers la reconnaissance et l'acceptation de votre vision du monde et de la vie que vous désirez. Tant que vous ne vous aimez pas vous-même, vous ne serez jamais libre d'aimer quelqu'un d'autre ou de vous laisser aimer.

Comment commencer à s'aimer soi-même? Vous savez déjà que vous adorez certains détails de votre jolie personne. C'est vrai pour tout le monde. Au lieu de concentrer toute votre attention sur les éléments de vous-même que vous désapprouvez, trouvez simplement des façons de glorifier vos qualités. Cela les fait se multiplier.

C'est exactement ce qu'a fait Sœur déesse Adrienne quand elle est venue assister à sa cérémonie de remise des diplômes à l'École des arts féminins. Adrienne était au régime depuis toujours et son poids jouait sans cesse au yoyo. Dans un de ses cours avec Mama Gena, elle avait accepté d'arrêter de faire des régimes et de tout faire pour simplement se sentir bien dans sa peau pendant toute la durée du cursus. La veille de la remise des diplômes, elle était allée magasiner de la lingerie et s'était acheté des sous-vêtements sexy. Le soir même de la cérémonie, elle s'est tellement laissée emporter par sa propre appréciation qu'elle a montré son nouveau soutien-gorge à toutes les déesses qui étaient dans la pièce. Ce n'est que la semaine suivante qu'elle a remarqué qu'elle avait perdu trois kilos. En glorifiant son propre corps – et *non* en suivant un régime! – Adrienne avait perdu du poids. Fêtez votre être, puis savourez les merveilleuses et souvent inattendues retombées de ce nouvel état d'esprit!

Sœur déesse Sylvia a modifié le rapport qu'elle avait avec son corps (ainsi que celui que son petit ami avait avec son corps à elle), simplement en changeant de façon de penser. Après avoir emménagé avec Arthur, Sylvia a pris quelques kilos. Arthur s'en est aperçu et lui a dit qu'elle avait de grosses fesses. Sylvia a commencé par se sentir bouleversée et vexée, mais, après son cours d'art féminin, elle est rentrée chez elle avec une toute nouvelle attitude.

Nous lui avions demandé de s'observer dans le miroir et d'admirer ses magnifiques fesses appétissantes. Dès le lendemain, Arthur, qui est photographe, l'a interpellée pour lui demander s'il pouvait photographier ses fesses dans la superbe lumière de l'après-midi. Il avait tout à coup complètement changé d'attitude. Elle était enchantée de voir à quel point rectifier sa propre pensée avait eu des conséquences immédiates.

Souvenez-vous d'aimer votre esprit autant que votre corps. L'approbation nous rend plus indépendantes, fortes et merveilleusement déterminées. La confiance en soi de la plupart d'entre nous est souvent si faible que, dès que quelqu'un nous désapprouve, ne serait-ce qu'un tout petit peu, cela nous fait basculer dans le doute et la négativité. L'autocritique nous rend faible et influençable, et nous fait remettre toute notre puissance dans les mains des autres.

Donc, ouvrez la porte à la reconnaissance, à l'approbation et à l'autoappréciation. Écoutez à fond *Natural Woman* de notre SD Aretha Franklin, ou I *Am Woman* d'Helen Reddy. Peu importe de qui se rapproche votre diva intérieure, laissez-la vous rappeler qui vous êtes. Même si, aujourd'hui, vous vous contentez de réfléchir aux différentes façons de vous gâter, c'est déjà une avancée. Félicitez-vous pour toutes les bonnes idées que vous aurez.

Quand Auntie Beth, ma protégée, est venue travailler avec Bruce et moi, ce n'a pas été facile de lui faire adopter la bonne mentalité. Tous les quelques jours, elle s'enfonçait dans l'autodésapprobation. Pour contrer sa négativité, nous l'envoyions dans une salle de classe vide, et la faisions danser nue et chanter des chansons sexy et inspirantes. Au bout de vingt minutes de ce comportement extravagant, elle venait nous retrouver, les yeux brillants, de nouveau prête à faire la fête. Faites absolument tout ce que vous pouvez pour célébrer votre beauté si unique et pour vous rendre plus joyeux.

Le plaisir, c'est l'amour. Et d'abord, toujours et avant tout l'amour de soi. Cela exige de la discipline et du travail, mais cela apporte tellement. Si vous vous mettez à réellement vous aimer vous-même, vous allez vraiment vivre une vie satisfaisante, c'est-à-dire la vie telle que vous la définissez. Cela, ma chérie, c'est le premier pas dans la création de relations saines et amusantes avec les autres.

N'oubliez pas de prendre votre dose de divertissement quotidienne

Il y a peu de temps, je me suis tout à coup mise à broyer du noir. Cela faisait deux semaines que je travaillais sans arrêt, en appréciant chaque seconde, l'une après l'autre. Cependant, un beau jour, la simple idée de m'asseoir devant mon bureau et de me mettre à travailler m'a presque fait exploser le cerveau. Bruce, mon mari, m'a alors suggéré d'aller me faire faire un soin du visage. Je n'en avais pas envie, mais j'y suis tout de même allée. J'avais à peine passé la porte de la maison pour me diriger vers le salon de beauté que je me sentais déjà mieux. Une fois mon soin du visage terminé, je me sentais merveilleusement bien. J'avais repris des forces et j'étais prête à recommencer à m'amuser, à travailler, à faire n'importe quoi. Bruce m'avait aidée à me remettre sur les rails. Je vous recommande d'avoir une ou un partenaire d'amusement, qui pourra vous aider à emplir vos journées de ce genre d'énergie. Cependant, si vous ne pouvez pas trouver ce type de complice, vous n'aurez qu'à vous secouer vous-même, les filles, et aller vous amuser!

Si vous vous conduisez comme une gentille fille, que vous travaillez dur et remplissez toutes vos obligations, mais que cette vie proprette ne vous rend pas heureuse, changez, faites autre chose ! Vous êtes prisonnière d'une routine, d'une routine qui n'est pas pour vous, et vous êtes en train de perdre votre temps. Si vous ne vous amusez pas, vous n'aurez simplement pas assez d'énergie pour changer de trajectoire, dans la vie. Quand on n'est pas en train de s'amuser, la dernière chose qu'on a envie de faire, c'est bien de... s'amuser. Alors ne vous laissez pas tomber si terriblement bas.

Une femme en quête d'une vie agréable conserve son sens de l'humour quoi qu'il arrive. Même Dame Nature a un sens de l'humour fantastique. Le kangourou, c'est une invention hilarante, non ? Et le manchot ? C'est à hurler de rire, un manchot ! Chacun d'entre nous est capable d'ajouter un peu d'amusement dans sa vie, même si ce ne sont que de petites touches, et cela peut entraîner une vie extrêmement divertissante. Vous pouvez prendre la décision de transformer en quelque chose d'amusant toute chose ou tout évènement vraiment terrible.

SD Jill était en auto avec David, son mari, sur l'autoroute, près de la ville de New York. Leurs enfants, Samantha et Thomas, étaient assis sur la banquette arrière. Les voitures avançaient pare-chocs contre pare-chocs, si lentement que c'en était insupportable et que David s'était mis à klaxonner et jurer. Il faisait de plus en plus chaud. À un moment donné, la circulation a commencé à accélérer légèrement, jusqu'à atteindre environ soixante-dix kilomètres à l'heure, et la distance entre leur voiture et celle qui les précédait a un peu augmenté. Essayant de gagner un peu de terrain, une fourgonnette a fait une embardée pour s'insérer dans la circulation, juste devant l'auto de notre sœur déesse et de sa famille, les heurtant presque. Sans réfléchir, SD Jill a suivi son premier instinct : elle s'est redressée sur son siège, a soulevé sa chemise et a montré ses seins au conducteur de la fourgonnette. Cela a suffit pour faire baisser la tension qui régnait dans l'auto, où tout le monde s'est mis à rire. SD Jill a demandé à David s'il allait mieux, ce qui était bien le cas, ravi qu'il était de l'acte exubérant de sa femme. Sa réaction spontanée avait changé l'ambiance de la journée.

Vous me direz peut-être que l'acte de SD Jill était choquant. Mais soyez honnête : combien de fois avez-vous écarté l'idée de faire quelque chose, parce que vous pensiez que c'était trop choquant ? Nous l'avons tous fait. Mais, maintenant, il est temps d'abandonner cette retenue. L'Univers adore votre spontanéité, votre extravagance. Détendez-vous et vos vœux s'exauceront, comme ceux d'Aladin quand il frotte sa lampe. Mais vous avez la chance de ne pas disposer que de trois vœux : vous pouvez en faire autant que vous le voulez !

La quête du plaisir devrait être grisante. Mais, alors que cela n'exige aucun effort de subir une triste existence, se bâtir une vie riche et glorieuse est une tout autre histoire. Il faut se lancer dans l'entreprise. Incorporer un peu d'amusement peut améliorer l'expérience et la rendre bien plus agréable. J'adore être témoin de l'énergie et de l'excitation qui se dégagent des sœurs déesses en formation quand elles laissent réellement libre cours à leurs désirs. C'est tellement stimulant de les voir redécouvrir leurs désirs, et changer non seulement leur expérience de vie, mais aussi la façon dont tous ceux qui les entourent perçoivent le monde.

Dévoilez ce que vous ressentez réellement

La plupart d'entre nous avons appris à garder nos vérités pour nous-mêmes et à ne dire aux gens que ce qu'ils veulent bien entendre, ou bien ce que nous pensons que nous *devrions* dire. Nous sommes mal à l'aise devant nos véritables sentiments et désirs. Dévoiler ce que nous voulons vraiment implique que nous dévoilions la vérité, même quand cela nous rend inconfortable. Quand on peut faire part de ses désirs à ceux qui nous entourent, on est vraiment soi-même. Vous vous rendrez compte, en faisant cela, que vous communiquez bien plus profondément avec les gens que vous connaissez et ceux que vous rencontrez. Sœur déesse Jenny, une de mes élèves, faisait partie de celles qui ont découvert à quel point dire toute la vérité peut avoir un effet puissant.

SD Jenny connaissait un homme, Ron, qui flirtait avec elle et tentait constamment de se rapprocher. Elle l'évitait du mieux possible, et un jour elle a fini par trouver le courage de lui dire qu'elle l'aimait bien comme ami, mais qu'elle ne le trouvait pas attirant. Pas vexé pour deux sous, Ron lui a confié n'avoir aucun problème avec cela. Devinez ce qui s'est passé ensuite? Jenny s'est mise à apprécier Ron un peu plus chaque jour; elle a même fini par le trouver attirant. De fil en aiguille, ils se sont engagés dans une relation amoureuse... On ne sait jamais ce qui peut se passer quand on fait confiance à ses véritables sentiments, qu'on les exprime et qu'on se laisse guider par la puissance de cette vérité.

Sœur déesse Krisztina a connu une expérience semblable en disant la vérité. Originaire de Budapest, elle est arrivée à New York avec son petit copain. Au bout de quelques mois, celui-ci est retourné dans leur pays, tandis qu'elle-même a décidé de rester dans sa nouvelle ville. SD Krisztina savait ce qu'elle voulait, c'est-à-dire une vie aux États-Unis. Se retrouver toute seule dans ce nouveau pays n'était pas vraiment ce qu'elle avait anticipé, mais elle ne s'est pas laissé décourager. Elle est restée fidèle à son désir, malgré les obstacles inattendus qui se sont dressés devant elle.

SD Krisztina a eu bien raison d'adopter et de conserver cette attitude. Elle a trouvé un travail, puis a rencontré un nouvel homme, un autre expatrié nommé Steve. Pendant quelques mois, ils ont vécu une fantastique et intense relation. Puis, à un moment donné, Steve s'est vu contraint de quitter son appartement, et Krisztina lui a proposé d'emménager avec elle. C'est arrivé simplement, même si Steve se trouvait trop jeune pour s'engager auprès d'une petite amie. Ensuite, les choses sont devenues sérieuses : comme aucun des deux n'était légalement résident des États-Unis, ils se sont inscrits à la loterie nationale permettant à certaines personnes de se voir attribuer une carte verte par tirage au sort. Ils se sont dit que, si l'un des deux gagnait une carte verte, ils se marieraient afin que l'autre puisse en obtenir une aussi. Ce serait alors une manœuvre purement stratégique. Cependant, après que Steve eut gagné à cette loterie, il est devenu réticent à l'idée de se marier avec Krisztina. Elle, en revanche, voulait qu'il lui achète une alliance et qu'il l'épouse. Aucun des deux n'était à l'aise. Elle ne se sentait pas désirée et lui souffrait de la pression. Leur relation était une bombe à retardement, prête à exploser. Quand Krisztina est arrivée à l'École des arts féminins, Steve venait de la quitter et était parti, le matin même, pour la Floride.

Krisztina était désespérée. Elle savait que Steve l'aimait aussi, mais plus elle essayait de le garder auprès d'elle, plus il s'éloignait. C'était là que se trouvait la clé pour résoudre la situation : Krisztina passait son temps à essayer de plaire à Steve pour gagner son amour et son acceptation, mais cela ne faisait que se retourner contre elle.

J'ai fait rentrer Krisztina en camp d'entraînement au plaisir. Elle devait prendre des bains à la lumière de chandelles, se faire plaisir, sortir avec ses amies (ce qu'elle n'avait pas fait depuis des années !) et flirter avec d'autres hommes. La façon la plus rapide pour une femme de se rappeler précisément qui elle est, c'est de flirter. Tout à coup, toute la puissance de Krisztina est revenue l'envahir. Elle s'est rendu compte qu'elle était bien davantage qu'une femme au foyer : elle était une intelligente jeune femme, belle et sexy. Cela faisait bien trop longtemps qu'elle s'empêchait elle-même de s'amuser, en rejetant la faute sur Steve. Krisztina s'est soudain sentie reconnaissante envers Steve de l'avoir quittée. S'il ne l'avait pas fait, elle ne se serait jamais inscrite à l'École des arts féminins... et ne se serait jamais redécouverte.

Peu après cette grande révélation, Krisztina a parlé à Steve. Elle lui a dit qu'elle souhaitait qu'il revienne. Elle lui a annoncé cela de façon directe, sans gémir ni se plaindre. Quand elle l'a appelé, elle était dans une baignoire pleine de bulles, entourée de chandelles, et elle lui a raconté à quel point c'était agréable. La voix de Krisztina avait un timbre invitant, délicieusement sexy, que Steve n'avait encore jamais entendu. Ce monde qu'elle était en train de se créer lui a semblé très attirant, et il a eu envie d'en faire partie.

Rapidement, le garçon est devenu ivre d'envie. Il s'est mis à appeler Krisztina chaque jour, curieux de découvrir le dernier épisode de sa vie tourbillonnante. Six semaines plus tard, Steve était de retour à New York, plus amoureux de Krisztina que jamais. Il continue de l'appeler chaque jour, quand ils sont au travail, et ils s'amusent tous deux comme des fous.

Au final, SD Krisztina a obtenu *à la fois* la vie et l'homme qu'elle voulait, en employant la façon la plus efficace possible, c'est-à-dire en se traçant son propre chemin de pur plaisir pour atteindre ces deux buts. Si vous choisissez le chemin du plaisir, comme l'a fait Krisztina, vous verrez rapidement l'univers et les autres réagir de façon très positive. Votre énergie pétillante attirera vers vous ces choses que vous désirez, et plus rien, chez vous, ne sera là pour les repousser. Est-ce si difficile de comprendre pourquoi cette approche est si efficace? Ne préférons-nous pas tous passer du temps avec des gens épanouis, agréables, amusants, plutôt qu'avec des personnes qui gémissent et se plaignent? Quand on accepte sa propre puissance et celle qui accompagne le plaisir qu'on prend, on voit disparaître ces habitudes courantes de geindre et se lamenter. Elles n'ont pas leur place dans la vie d'une femme véritablement satisfaite.

Soyez responsable et comblez vos désirs

Vous avez la liberté de construire votre vie exactement comme vous le voulez. Maintenant, faites-le.

Organisez votre carrière pour qu'elle vous fasse plaisir. L'histoire de SD Alessandra peut vous inspirer. Au bout de plusieurs mois d'immense pression dans un emploi où on lui demandait de travailler de plus en plus d'heures et d'assumer davantage de responsabilités sans augmenter son salaire, Alessandra en a eu assez. Un jour, elle est entrée dans le bureau de son supérieur et lui a dit : « Si je n'ai pas le temps de faire l'amour avec mon petit copain, de souper avec lui ou d'aller à la salle de sport, je ne travaille plus ici ! » Au lieu de laisser Alessandra quitter son emploi, son patron a réussi à la convaincre de rester... en coupant ses heures et en lui offrant une augmentation de salaire. Je n'ai pas été étonnée, mais Alessandra, elle, l'a été ! La réaction de son boss devant ses exigences a été une telle surprise qu'elle a complètement changé de point de vue sur la vie qu'elle pouvait mener et ce qu'elle pouvait accomplir. La prochaine fois, dit-elle, elle annoncera franchement ce qu'elle *veut* avant que les choses ne se dégradent.

Toutes les femmes peuvent tirer une leçon de la révélation d'Alessandra. Il est de notre responsabilité de changer les règles du jeu. Cependant, cela peut être plus compliqué qu'il le paraît. En effet, tout comme on nous a appris à exterminer notre joie, il faut apprendre à la raviver. Comme Alessandra, nous devons toutes avoir le courage de faire ce premier pas, de ramasser le ballon. Mais, ensuite, une fois le ballon en main, nous devons nous mettre à courir. Voilà en quoi j'espère que ce livre vous sera utile. Alors que vous créez, étape par étape, avec hésitation, le style de vie que vous désirez, cet ouvrage constitue le manuel qui vous fournit des conseils, de l'inspiration et des idées. Il peut entretenir votre courage et vous proposer un ensemble d'options et d'exemples à suivre, tandis que vous tracez votre propre chemin vers le plaisir éternel.

SD Alessandra n'aurait jamais pu régler son problème au travail si elle ne s'était pas concentrée sur ce qu'elle désirait. C'est son désir débridé qui a captivé son supérieur.

Il n'aurait jamais eu cette réaction si cette sœur déesse avait joué le rôle de la subordonnée timide, réservée et pleine d'espoir. C'est plutôt l'audace et le courage d'affirmer totalement et vigoureusement ses désirs qui ont apporté à Alessandra ce qu'elle voulait.

Suivez votre divine intuition

Nous sommes vraiment des sœurs déesses. La plupart des gens trouvent l'appellation « SD » drôle et amusante. Elle l'est. Elle est aussi exacte. De plus, elle nous remémore une vérité fondamentale, celle que, en tant que femmes, nous abritons toutes en nous une étincelle divine. Nous avons le devoir de respecter cette essence divine, de suivre nos instincts et d'écouter notre intuition féminine.

Si vous apprenez à agir selon ce que votre enthousiasme ou votre désir vous suggère, vous allez vous mettre à faire énormément de choses qui vous seront bénéfiques. Par exemple, si vous n'embrassez un homme que lorsque vous en avez vraiment envie, et non quand vous pensez que vous devez le faire, vous apprécierez vraiment ces baisers. Ou encore, si vous ne mangez que ce qui vous tente vraiment, préparé exactement comme vous le souhaitez, de la façon la plus festive possible, vous ferez peut-être les meilleurs choix ! Célébrer la déesse en vous consiste à porter véritablement attention à ce que vous désirez à chaque moment de la journée, comme si vous étiez la gardienne d'un merveilleux sanctuaire. Traitez-vous comme le mérite ce merveilleux sanctuaire que vous êtes – chaque fois que vous le pouvez, parsemez le chemin qui s'ouvre devant vous de pétales de rose !

Plus la déesse en vous s'épanouira, plus vous recevrez des offres de toutes sortes. Votre seul devoir est de laisser votre instinct vous guider. Permettez-vous de refuser une offre, même si elle est merveilleuse, si vous avez eu votre dose de merveilleux pour la journée.

Hier, Bruce, mon mari, m'a envoyée recevoir un soin du visage au salon de beauté et m'a acheté un nouveau portefeuille, ainsi que deux magnifiques paires de boucles d'oreille. Nous avons également emmené notre fille Maggie au vernissage d'une exposition d'art. Bruce était vraiment heureux que nous passions de si bons moments et prenait beaucoup de plaisir à nous faire profiter de sa générosité. Il a proposé de nous emmener souper au restaurant. Entraînée par l'ambiance de la journée, j'ai accepté – alors que j'avais la forte impression que j'étais déjà trop comblée par la richesse de la journée pour, en plus, manger à mon restaurant préféré ce soir-là. Si je m'étais fiée à mon intuition, qui me chuchotait qu'elle voulait rentrer à la maison, j'aurais fait le bon choix. Quand nous sommes arrivés au restaurant, on nous a annoncé qu'il nous faudrait attendre une heure avant de pouvoir avoir une table, alors nous sommes finalement rentrés chez nous. Mon intuition m'avait prévenue une heure auparavant que ce souper n'allait pas avoir lieu, mais comme je n'en avais rien dit à personne, nous nous sommes tous déplacés pour rien. Je me rends compte que cet exemple porte sur ce qui n'est qu'un petit détail, dans une vie – obtenir une table dans un restaurant – mais je voulais montrer à quel point il est important et utile de rester à l'écoute de notre intuition et de faire confiance à ses vérités et à sa sagesse en tout temps. Je vous assure, ma chère, qu'elle ne vous laissera pas tomber !

Ne vous donnez pas la peine d'essayer de déconstruire votre intuition. Chercher des pourquoi revient à essayer de comprendre un casse-tête très complexe dont la solution, si

43

par hasard on la trouve, n'est pas toujours très intéressante. Je vous conseille d'évaluer souvent votre niveau de plaisir (Me suis-je suffisamment amusée aujourd'hui ? Est-ce que j'amuse assez présentement, à cet instant précis ?), puis d'agir en fonction de ce que vous aurez déterminé. La plupart d'entre nous se retrouvent vraiment tourmentés quand ils s'élancent sur le long, tortueux et peu plaisant chemin vers le « Pourquoi les choses sont telles qu'elles sont ». C'est généralement un grand labyrinthe sans récompense à la sortie. Le problème, quand on cherche le *pourquoi* de tout cela, est qu'on ne le trouve jamais réellement ni totalement.

Sœur déesse Stacey était de celles qui ont vraiment besoin d'arrêter de penser aux pourquoi. Elle avait de tels problèmes d'intimité que, comme l'avait dit un de ses anciens petits amis, elle aurait mieux fait de sortir avec un astronaute. Quand elle venue voir Mama, elle n'avait pas été dans une relation depuis des années. À cette époque, elle avait pris l'habitude de se sentir coupable et de se dire qu'elle avait tort de résister quand il s'agissait de se rapprocher d'un homme. Après avoir appris quelques arts féminins, SD Stacey a décidé de faire quelque chose de nouveau. Au lieu de perdre bien du temps à essayer de comprendre les raisons psychologiques de son comportement, SD Stacey a choisi de simplement apprécier les moments qu'elle allait passer avec ce nouvel homme qui venait d'entrer dans sa vie, et aussi de profiter des moments où ils ne seraient pas ensemble. Et c'est ainsi que Stacey a découvert qu'elle aimait bien mieux vivre sa vie qu'analyser ses problèmes d'intimité. Elle s'est rendu compte que, le temps passant, elle se sentait de plus en plus prête à accepter les attentions de son nouvel homme. Et, un soir, il a donné à Stacey les clés de son

44

appartement. L'ancienne Stacey aurait reculé, terrifiée par le niveau d'intimité que représentaient ces clés, mais la nouvelle Stacey a été ravie, et excitée par les progrès qu'ils faisaient ensemble.

Il peut nous arriver à toutes, même quand nous faisons exactement ce que aimons, de trop nous concentrer momentanément sur l'accomplissement de notre quotidien et d'en oublier de prêter attention à notre plaisir. C'est à ce moment précis que nous avons besoin de prendre une pause. Si on ne le fait pas, on devient stressée et on risque l'épuisement. Mais si on s'arrête, nous retrouvons notre ravissement !

∞

Afin de vous inciter à prendre le chemin du plaisir, je veux vous remplir la tête et le cœur d'histoires de femmes qui sont déjà en route, sur ce chemin. La plupart des antiques figures féminines qu'on nous a appris à vouloir imiter vont devoir s'accrocher ! Elles ne nous serons plus d'aucune utilité maintenant. Il est temps d'enterrer Blanche Neige, Cendrillon, la Belle au bois dormant et la Petite Sirène. Débarrassons-nous et libérons le monde de cette ribambelle de modèles soumis, impuissants, paralysés, codépendants, faibles, passifs et pétris d'esprit de sacrifice. Il est temps de se mettre à penser à la Fifi Brindacier. Votre nouveau monde sera celui dans lequel vous imposez vos règles, basées sur votre plaisir. Dans celui-ci, votre pouvoir n'a pas de limite. Je sais que c'est une toute nouvelle réalité à accepter. Parfois, pour pouvoir commencer à vivre de cette nouvelle façon, il faut agir comme si on avait toujours fait les choses ainsi. Faites ce qu'il faut pour faire ce premier pas et, ensuite, vous n'aurez plus qu'à maintenir l'allure.

Vos sœurs déesses font partie des femmes les plus fortes et qui s'assument le plus que je connaisse. Elles ne sont peut-être pas encore mythiques, mais elles sont de cette étoffe dont on fait les légendes. Ces femmes ont commencé à tracer leur propre chemin vers le plaisir, en commençant par épouser le divin plaisir du ridicule. Envisagez l'éventualité de les suivre sur cette voie.

Lors d'une séance de vantardise, récemment, toute une pièce pleine de sœurs déesses et moi-même avons écouté SD Hiroko, habituellement secrète et réservée, nous raconter une de ses aventures. Elle était allée rendre visite à des amies dans le Rhode Island. À cette époque, elle venait de commencer à suivre ses cours et voulait apporter avec elle un petit brin de folie. Elle a réussi à convaincre ses amies d'aller prendre un bain, nues, dans la piscine d'un voisin, et tout cela s'est terminé par des crises de fou rire comme ces dames n'en avaient plus connu depuis une éternité.

Dans un autre exemple illustrant la douce folie de nos sœurs déesses, SD Brenda, cinquante-six ans, célibataire et qui n'était pas sortie avec un homme depuis des années, avait décidé de relancer ses moteurs. Elle avait un rendez-vous pour se faire couper les cheveux chez son coiffeur sexy. Elle a acheté de nouveaux sous-vêtements en satin rouge et a décidé de les porter lors de son rendez-vous. Ce serait son petit secret. Le coiffeur est devenu comme fou quand elle est arrivée, et a flirté avec elle, tout agité, pendant des heures. SD Brenda a commencé à se rendre compte du pouvoir de ses sous-vêtements, du pouvoir de s'autoriser à soi-même de flirter.

Vous remarquez la tendance? Le plaisir exige absolument de choisir l'amusement contre les attentes des autres et les obligations. Quand les femmes comprennent qu'elles n'ont pas à avoir honte de leurs désirs, elles parviennent à leurs fins de façon inouïe. Suivez votre appétit, vos désirs, vos envies secrètes. Si vous le faites, votre vie s'améliorera.

SD Sydney est une docteure accomplie, qui a un secret coquin. Au travail, elle s'est mise à flirter avec un infirmier, et elle le voit maintenant discrètement en dehors de l'hôpital. Grâce à cela, elle marche d'un pas un peu plus guilleret et sa routine professionnelle est un peu plus animée. Certaines personnes pourraient ne pas approuver les actions de Sydney, mais son petit infirmier et elle-même apprécient tous deux la situation et ont toujours hâte d'aller à l'hôpital. Je dirais que tout indique que Sydney a pris la bonne décision pour elle-même : elle se sent très bien ! Pourquoi devrait-elle se préoccuper de ce que les autres ont à dire de ses activités en dehors du travail ?

Tout le monde parle des conséquences qu'il faudrait toujours assumer. Pour chaque expérience agréable, il y aurait une déception. Par exemple, quand on rompt avec quelqu'un, on doit toujours passer par cette période de deuil, toujours toucher le fond, n'est-ce pas ? Eh bien, non ! Suivre ses désirs peut rendre ce moment plus facile et adoucir les instants douloureux. SD Abby a quitté celui qui était son petit ami depuis des années, et elle a eu cinq rendez-vous dans la semaine qui a suivi. Deux de ces rendez-vous étaient avec un compositeur qu'elle aime beaucoup, l'idée qu'il écrive des chansons sur elle l'amusant beaucoup. Pour Abby, faire la fête est une meilleure façon de vivre les mois à venir que de pleurer son ex et essayer tristement de se rétablir.

Récemment, lors d'une prise de bec avec son mari, SD Bette a ajouté un grain de douce folie à sa vie. Ces deux-là ont l'habitude de se disputer, mais, cette fois-là, quand ils se sont mis à se chamailler, Bette a refusé de sombrer dans l'habituelle mauvaise humeur qui s'abattait généralement sur elle. À partir de ce moment, quand les émotions commençaient à entrer en ébullition, elle s'imposait plutôt un régime de sensualité : elle est allée se faire faire une pédicure, a passé du temps avec elle-même à se faire du bien, et a fait l'amour cinq fois en une semaine avec son mari. Chaque fois qu'ils commençaient à se disputer, elle s'enfermait avec lui dans la chambre à coucher. Ils ont passé la meilleure semaine de leur vie.

Vous souvenez-vous que je vous ai dit que, si vous changiez votre conception du plaisir et votre rapport avec celui-ci, vous alliez faire changer le monde de ceux qui vous entourent ? Eh bien, d'après mon expérience, la première chose qu'une sœur déesse en pleine forme veuille faire est d'inviter ses amies à venir s'amuser avec elle. Par exemple, SD Maura a fait un voyage à Saint Bart, et s'est vraiment laissé aller – elle a pris des bains de soleil seins nus et est sortie avec tous les serveurs mignons du restaurant de l'hôtel. Elle n'aurait jamais envisagé de faire une chose pareille auparavant. Mais elle venait de réaliser qu'elle pouvait s'amuser beaucoup plus qu'elle l'aurait cru possible, et tous ces gars qui lui offraient du champagne – ou un repas fastueux – étaient la cerise sur le gâteau. L'un d'eux a été tellement enchanté par Maura et sa quête du plaisir qu'il lui a proposé de quitter son travail et de traverser l'Atlantique en bateau avec lui, pour gagner l'Espagne. Maura n'a pas accepté l'offre de M. Espagne, mais elle a été absolument ravie qu'il la lui fasse !

Ce furent les vacances les plus formidables que Maura ait jamais eues. Mais ce qu'elle a préféré de son voyage, ça été de montrer à son amie Nancy comment s'amuser, elle aussi.

Nancy était une femme généreuse, qui payait toujours pour elle et pour les autres. Maura lui a appris combien une femme qui passe du bon temps peut être irrésistible – dans son cas précis, cela poussait tous les hommes à un kilomètre à la ronde à vouloir lui offrir le champagne. La dernière nuit de leur escapade sur l'île, Nancy est venue raconter à Maura, d'un air extasié, qu'un homme lui avait payé non pas un verre, mais une bouteille de champagne. En un seul voyage, Maura a réussi à transformer son amie Nancy en véritable sœur déesse. La règle du jeu, visiblement, est de partager son plaisir avec les autres.

La poursuite du plaisir nécessite d'être toujours prête à trouver le meilleur, quelles que soient les circonstances, et ce meilleur, ce n'est qu'en cherchant à l'atteindre qu'on a une chance de le trouver. Vous pouvez même faire semblant de l'avoir débusqué, tant que vous ne l'avez pas réellement atteint. SD Meg se trouvait dans un avion pour Paris. L'avion a été immobilisé sur la piste pendant trois heures, avant qu'on ne les informe qu'il n'allait finalement pas décoller. Elle était furieuse. Mais comme cela faisait deux semaines qu'elle suivait ses cours à l'École des arts féminins, et elle s'est rappelée de cette phrase-clé : «Que dirait Mama? Elle me dirait que ce qui m'arrive est parfait, d'une certaine façon, dans une certaine mesure.» Au moment où ces paroles lui sont revenues en tête, elle a levé les yeux et a remarqué un garçon vraiment mignon qui regardait dans sa direction. Ils ont fini par prendre un verre, puis souper ensemble, en attendant le prochain vol. Cela faisait un bout de temps que Meg n'était pas sortie avec un homme (elle avait été échaudée par sa dernière séparation, qui avait été difficile). Ce jour-là, c'est la situation qui l'a forcée, contre sa volonté mais pour son plus grand bonheur, à passer des heures dans l'aéroport avec cet homme adorable. Ils ont fini par être placés sur le même vol de retour pour New York et ont passé une grande partie de la nuit à parler. À l'atterrissage, ils ont échangé leurs numéros de téléphone, et Meg en a été enchantée. Elle a décidé que cette expérience était un présent de la vie, une récompense pour avoir été prête à accepter la situation.

∽

Voilà ma conception d'une vie agréable : vivre avec des amis, partager ma vie avec plusieurs personnes, enrichir l'existence de mon enfant grâce à d'autres influences que celle de mon mari et la mienne, en nous entourant d'autres enfants et d'autres adultes et vivre dans une ville côtière. Si je veux que ma vie soit véritablement agréable, je me charge des tâches que j'aime accomplir, et d'autres s'occupent des domaines dont je n'aime pas m'occuper, comme la lessive, le ménage ou la cuisine.

Depuis toujours, je ne cesse d'inventer et réinventer ma vie, de créer, défaire et recréer ma vision. Selon mon expérience, quand on commence à se dévouer au plaisir, on ne change pas tout à coup en une nuit. Petit à petit, nos pensées et nos actions s'alignent avec nos désirs. C'est un voyage qui exige qu'on prête attention à ce qu'on veut et qu'on fasse des erreurs dont nous pourrons tirer des leçons. Si vous trouvez votre voie, comme j'ai trouvé la mienne, vous apprendrez au fil du temps à quoi vous devez vous accrocher et ce que vous feriez mieux d'abandonner en chemin. Le plaisir vous aide à départager ce qui vous fait vous épanouir du reste. Pour bâtir votre vie autour de cet épanouissement personnel, vous devez choisir ce qui vous allume, encore et encore, jour après jour.

Dans la vraie vie, je ne vis pas près de la mer, et je ne partage pas une maison avec mes amis. Cela arrivera peut-être un jour. Mais, même si j'ai des buts et des aspirations ultimes vers lesquels je me dirige, je dois aussi reconnaître que ce que j'ai déjà est incroyablement merveilleux. Je vis dans une grande maison *brownstone*[2] que je loue à New York. J'ai des voisins formidables, dont les enfants passent leur temps entre chez eux et chez nous. Je travaille avec Beth, ma grande amie, et Bruce, mon mari, dans les bureaux que nous avons installés au troisième étage. J'ai des amis fantastiques, amusants et créatifs, qui m'inspirent continuellement. J'adore la troupe toujours changeante de sœurs déesses qui travaillent avec nous, restent pour souper, bavardent avec nous et jouent avec Maggie. Mis à part les cortèges de déesses qui vont et viennent, d'autres personnes se retrouvent régulièrement dans notre *brownstone* : mes meilleurs amis, qui habitent en Californie, viennent travailler et vivre avec nous pendant au moins un mois chaque année. Nous avons la chance d'accueillir chez nous Carmen, qui est la plus adorable, drôle et affectueuse des gouvernantes, et la splendide Marti, qui s'occupe de notre fille d'exquise façon. Le plus important élément de ma vie, présentement, est l'ambiance de travail, d'amour, d'amusement et de camaraderie qui règne constamment. J'adore les gens qui m'entourent quand je suis chez moi.

Nous allons donc maintenant tourner notre attention vers *vos* rêves, *vos* buts et *vos* souhaits. J'espère avoir suffisamment stimulé votre imagination pour que certains désirs profonds soient prêts à faire surface. Allez, les amies, lancez-vous et devenez pleinement vous-mêmes, libres, fantastiques !

---

2   À New York et à Boston, une « brownstone » désigne une série de maisons alignées et identiques construites en grès rouge. On accède à la porte d'entrée du premier étage par un escalier.

Ceci est une invitation formelle. Bien sûr, il vous faudra de l'entraînement, du courage et faire preuve d'une vigilance éternelle. Mais il n'y a aucune raison d'hésiter ne serait-ce qu'un moment de plus. Commencez à vous amuser grâce à ces exercices que j'ai mis au point dans le but de vous aider à réchauffer vos muscles de la liberté. Intégrez ces exercices d'amusement à votre emploi du temps quotidien.

Nous allons maintenant attaquer la section pratique de cette leçon. Vous vous demandez peut-être pourquoi il était nécessaire d'inclure de la pratique. Eh bien, mes divines chéries, parce que vous avez toutes pris de si mauvaises habitudes ! Mama veut essayer de mieux vous équiper. Ces exercices ne nécessitent pas beaucoup de préparation ni de matériel. Ce sont des activités qui vont vous aider à vous rapprocher de vous-même et de vos désirs. Pour avancer le plus possible sur le chemin qui permet de devenir une sœur déesse, il faut faire tous les exercices. Parmi mes élèves, celles qui obtiennent les résultats les plus éblouissants sont celles qui font absolument tous leurs devoirs. Même si elles ne sont pas à l'aise avec les exercices, même si elles sont sceptiques, elles obtiennent des résultats fantastiques. Vous pourriez ne pas avoir envie de faire ces exercices ; certains peuvent vous paraître idiots, ou vous sembler inutiles pour vous. D'après mon expérience, pourtant, ils nous sont bénéfiques à toutes.

Exercice 1 : *La météorologie*

Bon nombre d'entre nous ne sommes pas conscientes que nous sommes constamment en train de désapprouver ce que nous faisons. Dans nos esprits, nous jouons à répétition cet enregistrement qui introduit le doute dans tout ce que nous faisons : « C'est mal », « Ce n'est pas la bonne chose à dire », « Je pourrais faire mieux », « C'est trop de nourriture », « C'est trop cher », etc. Nous avons besoin d'enregistrer des messages d'approbation, de renforcement positif. Décidez que vous êtes toujours, à un certain niveau, en train de réagir de la façon la plus parfaite à ce qui est en train de se produire. Prenez bonne note de votre génie et félicitez-vous-en.

Vérifiez votre humeur régulièrement – comme on prend la température –, peut-être à chaque heure, pendant une journée entière. Déterminez comment vous vous sentez précisément à ce moment-là : êtes-vous joyeuse, triste, contrariée, envieuse, exténuée, morose, etc ? Écrivez-le. Chaque fois que vous faites cela, dites à voix haute : « Je suis .... et il est tout à fait approprié que je me sente ainsi », en insérant dans le champ libre l'adjectif qui décrit comment vous vous sentez. Appréciez ce qui est en train de se passer en vous.

Exercice 2 : *Les remerciements écrits*

Témoigner de la reconnaissance est salutaire pour de nombreuses raisons. Tout d'abord, cela nous fait nous sentir formidablement bien. Ensuite, quand on commence à remarquer les bonnes choses de notre vie, on ouvre la porte à davantage de bonnes choses. On leur fait de la place. Troisièmement, quand on fait ce qu'il faut pour exprimer sa reconnaissance, on se met à remarquer que beaucoup de nos désirs se sont déjà réalisés.

Dressez une liste de remerciements : quelles sont les choses pour lesquelles vous vous sentez reconnaissante ? Faire ceci vous aidera à prendre la positive habitude d'exprimer votre gratitude de façon consciente et délibérée.

Exercice 3 : *Les liens qui nous retiennent*

Faites la liste de toutes vos croyances, de tous les facteurs culturels et de toutes les règles non écrites concernant la façon dont les femmes doivent se comporter qui vous conditionnent. Faites le bilan de la façon dont vous êtes *censée* (ou pas!) vous comporter au travail, parmi vos pairs ou dans une relation. Votre liste peut mentionner des points tels que «je ne suis pas censée coucher avec quelqu'un dès le premier soir», «je ne devrais pas prendre de jour de congé si je ne suis pas malade» ou «passé trente ans, je devrais être mariée.»

Quand vous faites la liste de vos croyances, vous mettez en lumière les hypothèses qui sont bien ancrées en vous. Ce que vous allez découvrir pourrait bien vous surprendre. Remarquez comme tout le monde suppose que Dieu est un homme, qu'un jour notre prince viendra ou qu'il faut travailler jusqu'à l'épuisement pour obtenir ce qu'on veut. Partez-vous du principe que vous devez choisir entre gagner beaucoup d'argent et faire ce que vous aimez? Ou encore que, si vous vous mariez, vous n'aurez d'autre choix que de devenir une bonne petite femme soumise? Êtes-vous sûre que vous ne deviendrez jamais riche? Ou que vous ne trouverez jamais de conjoint? Avez-vous l'impression que ce sont les autres qui se voient offrir toutes les opportunités, jamais vous? Est-ce que «maternité», pour vous, signifie *esclavage*? Dressez cette liste, puis rangez-la dans un tiroir. Un mois ou deux après avoir fini de lire ce livre, ressortez-la. Relisez la liste afin de vérifier si vous avez abandonné certains de vos anciennes croyances.

Dans le passé, je croyais que mon prince charmant viendrait, un jour. En fait, j'ai trouvé un homme tout à fait convenable, et j'en ai fait mon prince, en lui faisant part de mes désirs et en l'appréciant. Si je n'avais pas pris conscience de cette attente, et ne l'avais pas modifiée à ma convenance, je n'aurais sûrement pas dans ma vie le merveilleux partenaire que j'ai aujourd'hui, qui est aussi le père de ma petite fille.

Exercice 4 : *Le mantra de féminité*

Un mantra de féminité exprime ce que vous êtes, en tant que femme libre sur cette planète, qui fait ce qu'elle veut. Voici quelques exemples fantastiques de mantras de féminité que j'adore :

Je suis belle,
Je suis riche et
J'ai tout ce que je veux.
Merci, Déesse.

Le monde est à moi, je n'ai qu'à le prendre.
Plus de cuisine, de ménage, de lavage
Quand cela ne me tente pas.
Le sexe est un outil au service de mon plaisir.
Donnez-moi un homme qui peut me satisfaire.
J'ai toujours envie, sauf quand je n'ai pas envie.

Liberté nouvelle, liberté chérie,
Liberté divine,
Liberté ici, liberté maintenant,
Liberté, tu es le nec plus ultra.

Créez votre propre mantra de féminité, votre affirmation personnelle de ce que vous êtes en tant que femme. On ne tire pas de bienfaits de se plaindre des inégalités, mais on en retire de vivre pleinement sa liberté. Laissez votre plume glisser sur le papier et voyez ce qu'il en ressort. Votre mantra n'a pas besoin de rimer, ni d'avoir un sens construit et explicable. Il n'est destiné qu'à vous, et il a pour unique but de vous divertir et de vous inspirer.

Leçon 2

L'art féminin d'éveiller vos désirs

« Oh, délectons-nous à jamais dans les désirs des femmes ! »
MAMA GENA

Je me souviens qu'à six ans j'étais furieuse que mes parents limitent à deux le nombre de biscuits que je pouvais manger avant d'aller me coucher. Pour me venger et avoir ce que je voulais, j'ai glissé des biscuits dans ma culotte, devant comme derrière (je me souviens que c'était des biscuits fourrés au chocolat). Je suis allée souhaiter bonne nuit à mes parents, et, en me penchant pour les embrasser, j'ai prié pour qu'ils ne remarquent pas le renflement autour de mes hanches. J'allais pouvoir me gaver !

Je me rappelle avoir tout englouti sans le moindre problème. En fait, cette façon de grappiller de la nourriture pour la manger en cachette fonctionnait tellement bien que j'ai développé bien d'autres versions de ce petit jeu. Je me souviens m'être cachée dans le garde-manger, avoir chapardé des crèmes glacées dans le congélateur, m'être faufilée dans la cuisine en pleine nuit pour grignoter le fruit de mes larcins, assise en tailleur sur le lave-vaisselle, réconfortée par son ronronnement et sa chaleur. C'est un miracle que je n'aie pas aujourd'hui le gabarit d'un lutteur de sumo. Mais comme mon appétit était anormalement gros (j'en étais persuadée), je ne pouvais m'autoriser à combler mes désirs en compagnie d'autres personnes : on ne montre pas aux autres ce dont on a honte.

Cela m'a pris toute ma vie pour réussir à faire confiance à mon appétit. J'ai procédé par essai et erreur. J'ai tout autant appris de mes erreurs que de mes victoires. Chaque fois que je me suis laissée aller à me faire plaisir, j'ai vécu des aventures fantastiques. Mais quand je m'empêchais de suivre mes désirs, j'étais coincée.

∽

Que se passe-t-il quand un gars vous demande : « Qu'aimerais-tu faire ce soir ? » Proposez-vous une foule d'options fabuleuses, des choses qui vous enchanteraient (déguster du homard lors d'une repas romantique aux chandelles, aller admirer un spectacle de cirque depuis la première rangée, aller danser le tango une rose entre les dents ? Ou au contraire vous privez-vous de répondre tant qu'il ne vous a pas dit que vous pouviez faire « absolument tout ce que vous souhaitiez » ? Faites-vous une suggestion timide, du genre :« Nous pouvons rester à la maison et louer un film, je vais nous préparer quelque chose pour le souper... » ?

Ces dernières idées reviennent bien trop souvent pour être de véritables envies. Ce sont simplement nos choix par défaut. C'est ce que nous, les femmes, suggérons quand nous n'osons pas dire ce que nous voulons vraiment ou ne savons pas exactement ce que nous souhaitons, au fond du cœur. Quand une femme ignore ses envies, celles-ci s'atrophient et disparaissent.

SD Leslie, une de mes soeurs déesses, vit grâce à d'importants fonds en fiducie. C'est donc elle qui «gagne le pain» de la famille et, pourtant, elle a complètement organisé sa vie autour du travail et du style de vie de son mari, qui est acteur. Ils déménagent quand il se voit offrir un contrat, et non quand elle le désire. Elle pourrait se permettre d'engager quelqu'un à temps plein pour l'aider avec les enfants et le ménage, mais elle s'épuise à nettoyer la maison et à faire le lavage et la cuisine pour trois enfants. Malgré les ressources dont elle dispose, Leslie n'arrive pas à s'en servir, parce que la conception traditionnelle de ce que doit être une femme est trop solidement ancrée en elle. Elle a perdu de vue la vérité profonde et puissante que son plaisir devrait être considéré comme précieux et qu'il joue un rôle crucial dans sa vie et dans celle de sa famille.

Des millions de femmes sont semblables à Leslie, si concentrées sur ce qu'elles *devraient* vouloir qu'elles ne savent pas ce qu'elles veulent *réellement*. Quand on grandit dans une grotte, le soleil ne nous manque pas. On n'y pense tout simplement pas, on vit sa vie dans l'obscurité, sans jamais imaginer que la lumière puisse être une alternative. En fait, si on nous tirait de force dans la luminosité extérieure, on serait probablement fâché et mal à l'aise – «Mais qui peut bien avoir besoin de *cela*? J'étais bien, dans ma grotte!»

Nous, les femmes, ne sommes bien souvent pas capables de dire ce que nous voulons parce qu'on nous apprend à ne jamais accorder ni temps ni énergie à nos souhaits, et à ne jamais les faire passer en priorité. Les gars ne comprennent pas bien cela. Si je demande à mon mari s'il veut quelque chose, il est capable de répondre de suite, sans que cela ne lui cause de conflit intérieur. Dans notre culture, on élève généralement les hommes en leur apprenant à se sentir à l'aise avec eux-mêmes et avec ce qu'ils veulent. On leur apprend à déterminer et poursuivre leurs rêves. Mais les femmes ne savent pas comment faire remonter leurs désirs et, quand par hasard ils font surface, elles ne savent pas les reconnaître ni les exprimer. Celles d'entre nous dont les envies sont réellement enfouies dans les profondeurs se mettent en colère quand on leur demande ce qu'elles veulent. Avez-vous déjà entendu une conversation qui ressemble à celle-ci :

LUI : Où voudrais-tu aller souper ?

ELLE (marmonnant rageusement) : Mais pourquoi tu me demandes cela ? Comment se fait-il que tu ne le saches pas déjà ? Pourquoi est-ce que tu ne m'emmènes pas tout simplement dans un endroit que j'aime ?

LUI (éberlué) : Heu, désolé… (en se demandant pour la millième fois ce que les femmes veulent vraiment, et ce qu'il pourrait bien faire pour finir par le savoir.)

Sa réponse à elle (fâchée) n'est que son désir inexprimé qui trouve une façon de remonter à la surface et d'exploser en frustration et en colère.

Une autre conséquence de faire taire nos envies au lieu de les célébrer est que celles-ci se retournent contre nous. Nous mangeons alors trop, prenons trop de médicaments, abusons de l'alcool ou adoptons un autre type de comportement dont nous devenons dépendantes. Ce n'est vraiment pas étonnant qu'il y ait une épidémie de femmes en surpoids dans nos pays.

Ce qui est fascinant, c'est que quand nous reconnaissons et attisons la flamme de notre vrai désir, non seulement nous augmentons grandement nos chances d'obtenir ce que nous voulons, mais nos comportements aberrants s'évanouissent aussi. Vous êtes sortie souper avec un homme. Vous passez du bon temps, mais c'est votre premier rendez-vous tous les deux, alors vous ne pouvez pas complètement baisser la garde. Il vous demande : « Veux-tu un dessert ? » Vous mourez d'envie de savourer une bouchée de gâteau à la mousse au chocolat avec un peu de crème fouettée, mais vous ne voulez pas qu'il se dise que vous risquez de grossir dans le futur, alors vous refusez poliment. Surtout s'il ne voulait pas de dessert lui-même. Vous quittez le restaurant avec une folle envie de chocolat. Il vous ramène chez vous. Vous l'embrassez sur la joue, il part, vous le regardez s'éloigner par la fenêtre et, dès qu'il est monté dans son auto, vous vous précipitez au dépanneur du coin pour vous acheter un pot de crème glacée au chocolat. Vous vous sentez un peu insatisfaite de la soirée dans l'ensemble (et un peu nauséeuse d'avoir mangé tout le pot de crème glacée). Alors que, tout ce que vous vouliez, c'était une petite bouchée de gâteau au chocolat. En fait, si vous aviez laissé cet homme vous offrir cette part de gâteau, vous auriez satisfait votre plaisir, lui auriez permis de vous gâter et vous auriez tous deux bien plus apprécié la soirée. Nous ne sommes donc pas là pour réinventer nos brûlantes envies lancinantes, mais juste pour entrer en contact avec elles. Vous croyez peut-être que vous n'avez pas de désirs non comblés, mais écoutez plus attentivement, ma chère sœur. Ils chuchotent à votre oreille…

Quand vous commencerez par réfléchir à ces désirs non assouvis, il est possible que vous fassiez d'abord chou blanc. N'ayez pas peur, ma chérie. Nous n'en sommes qu'à la leçon numéro 2. Si cela vous arrive, essayez simplement de trouver un exemple de désir non comblé. Même si celui qui vous vient à l'esprit n'est pas des plus ardents, il sera la première étincelle de votre feu de joie. En faisant cela, vous ouvrez votre lampe magique pour en libérer le génie, et, avec lui, votre première éruption de plaisir. Plus vous vous entraînerez, plus les envies authentiques sortiront enfin de la lampe.

Par exemple, partout où elle allait, SD Camille ne faisait que gémir qu'elle n'avait pas de petit copain, qu'elle en voulait un mais qu'aucun homme ne l'aimait, et qu'elle ne se marierait jamais... Un jour, en classe, nous lui avons demandé de jouer à un jeu qui s'appelait : « Et si tu aimais vraiment être célibataire... » Nous lui avons dit : « Fais semblant. Fais comme si il n'y avait aucune urgence pour te marier, comme si tu aimais vraiment les choses telles qu'elles sont *maintenant*. » Camille n'aimait pas vraiment l'idée, mais elle voulait bien essayer. En faisant l'exercice, elle a commencé à se rendre compte qu'elle adorait son autonomie. Elle prenait beaucoup de plaisir à arranger son appartement exactement comme elle l'aimait. Elle appréciait pouvoir sortir avec ses amies, ou avec des hommes, et ne pas avoir de comptes à rendre à qui que ce soit. Camille s'est rendu compte qu'elle avait adopté ce point de vue qui voulait qu'une vie sans petit ami était une vie ratée non pas parce qu'elle le croyait, mais parce que cela créait un lien entre elle et ses amies.

SD Camille a décidé de passer une fin de semaine entière à faire comme si elle avait tout ce qu'elle voulait. Elle est allée à une fête et s'est énormément amusée. L'espace d'une nuit, elle s'est autorisée à être volontairement célibataire, et fabuleuse. Elle était probablement la seule femme de la pièce qui ne doutait pas d'elle-même et qui n'en faisait pas trop. Et voilà qu'elle a rencontré un homme, lors de cette fête! En essayant d'obtenir son numéro de téléphone, maladroit, il s'est pris les pieds l'un dans l'autre et a bien failli tomber. Sœur déesse Camille a accepté de sortir avec lui un jour prochain, et ils ont passé un moment formidable. Elle a trouvé amusant d'apprendre que cet homme vivait à Chicago et non à New York, et qu'il retournait là-bas le lendemain. Ses pulsions avaient choisi un homme parfait pour une femme qui ne souhaitait pas s'engager dans une relation, puisqu'il vivait à plus de 1200 kilomètres. Il lui a promis de l'appeler quand il serait de retour à New York, le mois suivant, et Camille a décidé que ce serait le moment parfait.

Nous devrions nous interdire cette habitude de décider que ce que nous avons n'est pas correct. En effet, cela nous diminue, nous et notre pouvoir, nous donne des rides, nous rend mal à l'aise, nous fait perdre l'appétit, et nous paralyse au point que nous ne sommes plus capables d'obtenir ce que nous voulons. En appréciant ce que nous avons et en ayant confiance que cela correspond aussi justement à ce que nous voulons réellement, nous ouvrons la porte à bien d'autres belles choses, qui peuvent alors se précipiter vers nous à une vitesse folle. Entretenir ses désirs est comme une danse – on doit à la fois aimer ce qu'on a et vivre dans le but d'obtenir ce qu'on veut. Pour maîtriser cette danse, on doit être prête à croire ou, du moins, à faire semblant qu'on va effectivement obtenir tout ce que notre cœur désire. Alors, comme le dit l'auteure Florence Scovel Shinn, cela viendra « par la grâce et les moyens parfaits ».

Les rapports qu'une femme entretient avec ses désirs dépendent en partie de sa volonté à s'envelopper dans ceux-ci. Nous n'avons pas beaucoup de chances d'explorer nos désirs, seule comme en compagnie d'autres femmes. Vous allez donc devoir créer vos propres occasions.

En classe, l'un des premiers devoirs que je donne consiste à créer une liste. C'est amusant à faire, par exemple lovée sur son canapé, avec une tasse de thé, ou au bureau pendant une pause. Écrivez tout ce que vous désirez, du plus minuscule désir (une bonne nuit de sommeil) au plus gigantesque (un château en France). Avec une ou deux amies, racontez-vous vos désirs les unes aux autres. C'est une chose merveilleuse à faire. Vos désirs à toutes vont vous inspirer et vous pousser à essayer d'avoir de plus en plus de choses, comme quand on jette des bûches sur un feu.

En fait, vous devriez créer votre propre réseau de sœurs déesses, car elles peuvent vous aider énormément pendant votre voyage vers le bonheur. Un groupe de sœurs déesses (ou, même, seulement une ou deux) peut aussi vous aider à faire un autre exercice, appelé « la fanfaronnade ». Nous le faisons chaque semaine en classe. Chaque femme doit se vanter de quelque chose de merveilleux qui lui est arrivé pendant la semaine. Il y a beaucoup de bienfaits à cet exercice. Chaque SD commence à reconnaître le bon déjà présent dans sa vie. Elle devient alors plus à l'aise pour parler de ses désirs et pour commencer à les combler. Et sa fanfaronnade inspire inévitablement les autres femmes et les pousse à viser plus loin qu'elles ne le feraient seules.

SD Doris, par exemple, avait écrit un article pour un magazine qu'elle adorait. Quand elle a remis cet article, elle a demandé au directeur de la rédaction de lui accorder un rendez-vous pour discuter de la création d'un poste pour qu'elle devienne collaboratrice à la rédaction. Et il a accepté ! Ce geste culotté a convaincu Stéphanie d'aller porter son portfolio à un célèbre designer de Madison Avenue avec lequel elle avait toujours rêvé de travailler, et de lui demander un poste. Elle s'est rendu compte qu'elle n'avait pas à attendre qu'une occasion se présente, qu'elle pouvait en créer une elle-même.

Nous nous inspirons les unes les autres quand nous nous racontons les bonnes choses qui nous arrivent dans la vie. Quand une femme monte les échelons, elle encourage toutes les autres à la suivre et à grimper. Constituez-vous un groupe d'amies à qui vous raconterez vos désirs et auprès de qui vous vous vanterez chaque semaine. Ce sera votre propre cercle d'inspiration.

Pour qu'un cercle de fanfaronnade fonctionne, il doit remplir certains critères et respecter quelques règles. Tout d'abord, les participantes doivent suivre un régime strict uniquement à base de *fanfaronnade* – pas de lamentations, pas de remarques humiliantes, pas de comparaison aux autres, pas de nuances ou de critiques de ses propres fanfaronnades. Votre fanfaronnade est parfaite telle qu'elle est, même si vous êtes seulement en train de vous vanter d'avoir pris une pause et vous être acheté un cappuccino au milieu d'une grosse journée de travail. Les autres membres du cercle de fanfaronnade doivent particulièrement surveiller celles qui ne sont pas capables de ne pas s'autocritiquer. Arrêtez net ces filles quand elles commencent à se critiquer, et demandez-leur de plutôt se féliciter elles-mêmes.

Une des réussites de mon École des arts féminins dont je suis la plus fière est notre grande communauté de sœurs déesses, dont vous faites maintenant partie. Un des merveilleux avantages, quand on devient sœur déesse, est de ressentir cette solidarité qui règne entre les femmes et de savoir que nous pouvons utiliser notre force unie pour notre propre bénéfice. Il est si inspirant de voir les femmes s'encourager mutuellement dans leur créativité, leur confiance, leur enthousiasme. Les femmes ont tant de choses à s'apporter les unes aux autres. Tant de femmes sont déjà passées précisément par la situation dans laquelle vous vous trouvez présentement et peuvent vous indiquer dans quelle direction aller. Quand mes SD les plus âgées parlent de ménopause, par exemple, les plus jeunes profitent de leur expérience. Quand les plus jeunes parlent de flirt, cela donne aux plus âgées l'envie d'aller vérifier si elles peuvent toujours le faire. Évidemment, c'est le cas.

Le soutien apporté par un groupe de femmes motivées est vraiment incroyable. J'ai été témoin à de nombreuses reprises de véritables torrents de générosité dans mes cours. Un jour, SD Meryl est arrivée en cours et a décrit comment, en partant à la conquête de ses rêves, elle s'était retrouvée temporairement sur la paille, et a confié qu'elle avait peur. Ce soir-là, trois de ses sœurs déesses ont discrètement donné de l'argent à Meryl pour l'aider à se sortir du trou. Nous nous sommes soutenues les unes les autres pour surmonter des cancers du sein, la disparition de parents, des appendicites, des séparations et des divorces et pour vivre des accouchements, des mariages, des fiançailles... Quand une SD est paresseuse, par exemple quand elle se contente d'un emploi dont elle ne veut vraiment pas, les autres lui donnent des coups de pied aux fesses. Les SD s'encouragent les unes les autres à faire plus d'efforts et à retirer le maximum de joie d'une situation.

Bien sûr, ce genre de communauté se prolonge en dehors de la classe. Par exemple, SD Daphne a un vrai talent pour se faire surclasser dans les hôtels. Personne ne sait faire cela mieux qu'elle. Elle peut avoir réservé la plus petite chambre dans un coin sombre du bâtiment, elle est capable de se retrouver dans la suite présidentielle, sans frais supplémentaires. SD Margaret voulait que cela lui arrive. Elle voyage beaucoup et a toujours l'impression de se voir octroyer les pires chambres, au rez-de-chaussée, alors qu'elle paie le prix fort. Elle est allée passer la fin de semaine à Boston avec Daphne. Elles logeaient au Copley Plaza, où elles avaient réservé des chambres dans le cadre d'un forfait avec tarif au rabais. Daphne s'est tout de suite dirigée vers le bureau d'accueil, où elle s'est mise au travail. Elle était assurée, posée, très charmeuse, et elle ne babillait pas. « Je parie que vous pouvez faire mieux que cela – non que vous y soyez tenu, évidemment », a-t-elle dit. SD Margaret a étudié son attaque. À son voyage suivant, elle a réussi à se faire surclasser pour la première fois !

Que vous ayez ou non un réseau de déesses, le moment viendra bien sûr où vous devrez vous lancer toute seule avec vos envies. Il vous faudra faire preuve de bravoure et de foi pour être capable de rester fidèle à vos désirs. SD Jillian a suivi ses désirs les plus intimes, alors qu'ils exigeaient d'elle de faire ce qui, à l'origine, ne semblait pas sage. À un moment donné, cette peintre en herbe a refusé une offre d'exposition de ses œuvres dans une foire artistique en Europe, parce qu'elle voulait se concentrer principalement sur New York. Tout le monde lui a conseillé de saisir la moindre occasion d'exposer ses toiles, n'importe où, mais elle a pourtant refusé la proposition européenne, alors que rien d'autre ne se profilait à l'horizon. Un mois plus tard, Jillian soupait au restaurant avec son petit ami quand elle a rencontré des personnes influentes de la scène artistique new-yorkaise. Ils lui ont offert une exposition personnelle dans une prestigieuse galerie de Madison Avenue. Demandez et vous l'aurez, vous dit Mama !

Si Jillian avait accepté l'offre d'aller exposer en Europe, elle aurait été absente au moment où s'est présentée l'occasion de monter son exposition personnelle à New York ; elle a dû être très courageuse pour dire non à ce qu'on lui proposait et s'accrocher au pouvoir de ses désirs. Mais elle l'a fait, et ceux qui font la même chose se rendent compte que le fait de suivre leurs véritables désirs fait chaque fois des merveilles pour eux.

Il est facile de se laisser influencer par les gens qui vous diront que ce que vous voulez ne pourra jamais arriver. Vous allez peut-être devoir vous battre pour vous débarrasser de ce sentiment que ce que vous souhaitez est honteux, injustement égoïste ou tout simplement mal. Avant de réussir à être fière de nos désirs – qui nous définissent si clairement – la plupart d'entre nous les trouvons gênants et humiliants.

Mama va vous présenter quelques exercices et activités qui vont vous permettre d'entrer en contact avec vos envies authentiques et toute la puissance qui les accompagne. Vous apprendrez que s'abandonner à ses vrais désirs élève l'esprit et enrichit autant qu'une marche sur la plage au coucher du soleil. Les ignorer et se plier aux normes sociétales est comparable à se retrouver dans les embouteillages sur une autoroute à l'heure de pointe. Avec le présent livre, vous allez passer bien plus de temps à la plage...

Exercice 1 : À quel point êtes-vous à l'écoute de vos envies ?

Cet exercice est conçu pour vous aider à évaluer à quel point vos envies coulent librement et à quelle fréquence vous identifiez et poursuivez ce que vous voulez réellement. Répondez à chacune des questions suivantes et comptabilisez le nombre de A, de B et de C que vous avez obtenus. Ensuite, lisez la description qui correspond au plus grand nombre obtenu.

1. *Si je sortais souper ce soir à l'occasion de mon premier rendez-vous avec un homme* :

A. Je ferais ma Scarlett O'Hara, c'est-à-dire que je souperais à la maison avant mon rendez-vous. Ainsi, une fois au restaurant, je pourrais me contenter de commander une salade et de l'eau, afin d'avoir l'air fragile et facile à entretenir.

B. Je regarderais le menu, vérifierais les prix et commanderais un plat de pâtes au prix raisonnable afin de ne pas grever son budget.

C. Je me laisserais aller et commanderais les deux entrées à mon goût, le plat de homard, et une bouchée de chacun des trois desserts si tentants.

2. *Quand quelqu'un me demande quel cadeau je voudrais* :

A. J'ai un blanc et je regarde la personne d'un regard affolé, comme un daim pris dans des phares.

B. Je laisse la personne décider et lui répond : « Ce que tu veux. »

C. Je présente ma liste de désirs et prend la personne par la main pour la tirer jusque chez Tiffany, où je pointe du doigt tous mes bijoux préférés.

3. *Quand je pense à mon travail* :

A. Je suis presque en larmes. Je ne trouve pas seulement mon travail inintéressant. Je désespère vraiment de pouvoir un jour trouver un travail que j'aime.

B. Je me dis que c'est une façon pour moi de payer mes factures en attendant de déterminer exactement ce que je veux faire.

C. Je suis si heureuse et excitée de faire ce travail que je pourrais même *payer* pour occuper cet emploi.

Si vous avez surtout des A : Vous êtes « désirophobe ». Vous acceptez tout, rien n'est jamais « trop peu ». Aucune SD ne peut survivre en suivant ce genre de régime.

Si vous avez surtout des B : Vous vous doutez que la vie peut vous réserver davantage que ce dont vous disposez, mais vous ne savez pas comment découvrir de quoi il s'agit sans avoir l'air vulgaire.

Si vous avez surtout des C : Vous comprenez que le plus beau cadeau que vous puissiez faire à l'univers, c'est une *vous* comblée. Vous êtes une vraie sœur déesse !

Exercice 2 : *La fanfaronnade*

Vous vanter des bonnes choses de votre vie, en particulier de vos agréables réussites, fait remonter vos désirs et attise ceux des autres femmes. Je vous affirme qu'il est impossible de trop se vanter, et que, si vous ressemblez à la plupart des femmes, vous êtes loin de vous vanter suffisamment. Cet exercice va vous aider à ajouter la fanfaronnade à votre répertoire féminin.

Il s'agit de vous pencher sur votre vie et de choisir quelque chose qui vous rend heureuse, puis d'en parler à une amie. Encouragez-la ensuite à faire la même chose.

Vous pouvez vous vanter du fait que vous avez fait une pause au milieu d'une journée chargée pour recevoir une manucure, ou pour boire un cappuccino. Ou bien, peut-être avez-vous brillé lors d'une réunion d'équipe. Ou encore, vous avez peut-être flirté sans vergogne avec votre plombier. Une SD, dans un de mes cours, s'est un jour vantée d'avoir fait attendre son avion parce qu'elle achetait un roman érotique qu'elle voulait lire pendant le vol. Une autre avait passé le barreau et reçu son diplôme en droit avec grande distinction dans la même semaine. Quand vous vous racontez vos accomplissements, qu'ils soient grands ou petits, vous vous inspirez les unes les autres. L'une de mes déesses a vécu une incroyable séance sensuelle avec son mari pour la première fois depuis six mois, ce qui a donné envie à deux autres sœurs déesses de vivre le même genre de nuit de sexe matrimonial avec leurs maris. Nous pouvons nous entraîner vers des sommets inexplorés grâce à une constante fanfaronnade. C'est en faisant cet exercice quotidiennement, ou chaque semaine, qu'on obtient les meilleurs résultats. Quand on parle du bon, davantage de bonnes choses nous arrivent. C'est une très bonne façon de maintenir et d'amplifier nos véritables envies.

Exercice 3 : *Le nettoyage de printemps*

Vous devez faire cet exercice fréquemment pour nettoyer votre placard mental de toutes les boules de poussière, des moutons et des saletés qui s'accumulent en une vie de rêves et de désirs non comblés. Pour avoir de la place pour les nouveautés, vous devez faire le tri dans votre garde-robe, c'est-à-dire vous débarrasser de tous les vêtements qui ne vous vont plus, de tout ce que vous avez acheté en solde et n'avez jamais porté, ou des vos anciens habits préférés qui sont trop usés pour être portés en public. En fait, si votre garde-robe est pleine à craquer, vous risquez de perdre l'envie de magasiner, parce que vous n'avez nulle part où ranger quoi que ce soit de nouveau. Vous avez peut-être même des articles adorables dont vous avez oublié l'existence. Ou bien des vêtements qui ont déjà été ravissants, mais qui se sont abîmés, faute de soins. Cet exercice va vous nettoyer l'esprit de toutes ces sales vieilleries, pour le laisser ouvert et réceptif à vos nouveaux désirs. Vous pouvez le faire toute seule, devant un mur, ou bien avec une amie, ou encore avec un petit groupe d'amies. Suivez ces instructions, et vous commencerez votre entraînement de déesse avec une belle page blanche sur laquelle noter les nouveaux désirs et les nouvelles envies que vous aurez déterminés.

Le nettoyage de printemps, seule

La SD s'assoit, seule, et fait l'exercice à haute voix. Elle se pose les questions, puis y répond.

Par exemple :

La SD demande : Qu'as-tu à dire sur le désir? (La question est toujours la même et est posée d'une voix neutre, sans expression.)

La SD répond : Je ne sais absolument pas ce que je désire.

La SD demande : Qu'as-tu à dire sur le désir?

La SD répond : Je me souviens que, quand j'avais trois ans, je désirais me nouer un ruban rose dans les cheveux, et ma mère m'a critiquée.

La SD demande : Qu'as-tu à dire sur le désir?

La SD répond : Je veux un bretzel au chocolat *maintenant*.

Le nettoyage de printemps, avec une partenaire
(*la meilleure façon de faire cet exercice*)

Vous devriez toutes deux commencer par vous assurer mutuellement que ce qui sera dit au cours de l'exercice restera confidentiel. Cela vous permettra de révéler librement vos désirs. Ensuite, asseyez-vous l'une en face de l'autre, dans un café ou dans un endroit privé. Une des SD pose à l'autre la même question, encore et encore, pendant au moins quinze minutes. La deuxième SD répond chaque fois. Ensuite, vous changez de rôle.

Par exemple :

SD 1 : Qu'as-tu à dire sur le désir ?

SD 2 : J'ai l'impression de désirer mon petit copain plus qu'il ne me désire.

SD 1 : Merci.

SD 1 : Qu'as-tu à dire sur le désir ?

SD 2 : Quand nous étions ensemble, hier soir, il a refusé de faire l'amour avec moi.

SD 1 : Merci.

SD 1 : Qu'as-tu à dire sur le désir ?

SD 2 : J'adore les nouvelles chaussures roses que je me suis achetées aujourd'hui.

SD 1 : Merci.

Le nettoyage de printemps, en groupe

Quand au moins trois sœurs déesses participent à l'exercice, une d'elles doit accepter de jouer le rôle de responsable de l'activité. Elle se déplace dans la pièce en demandant à chaque SD : « Qu'as-tu à dire sur le désir ? » À la fin de l'exercice, une autre SD peut lui rendre la pareille et lui poser la question. Faites cet exercice pendant au moins vingt minutes. Quand tout le monde aura nettoyé sa garde-robe, vous vous sentirez libérée et gonflée à bloc.

Exercice 4 : *Une liste des désirs*

Dans mes cours, je demande à chaque SD de rédiger une liste détaillée de ses désirs. Maintenant, c'est à votre tour de dresser la vôtre. C'est très simple à faire. Préparez une feuille de papier et un crayon. Incluez à votre liste tout ce que vous désirez – d'un pyjama rose à un massage dans le dos en passant par une balade en hélicoptère, une marche à la campagne, du sexe sur la plage, vous marier (ou divorcer), devenir une star, avoir un orgasme, manger une crème glacée au chocolat – absolument tout, tout, tout ce que vous désirez, de la chose la plus minuscule à la plus immense.

Quand vous aurez terminé votre liste (pour le moment), je vous recommande de l'afficher dans un endroit visible, par exemple sur la porte du réfrigérateur ou de votre chambre. Ainsi, les gens peuvent voir ce que vous voulez et vous apporter ces choses.

Une fois par mois, relisez votre liste et mettez-la à jour. Chaque fois que vous obtenez une chose qui figurait sur votre liste, écrivez « Merci _____ » en insérant le nom de la personne qui vous l'a donnée ou procurée, ou grâce à qui vous avez pu l'obtenir. Vous serez étonnée de constater à quelle vitesse vos vœux peuvent se réaliser !

∽

Nos désirs sont la meilleure partie de notre personne. Quand nous nous abandonnons à ces désirs, nous avons accès à une vie d'aventures, de possibilités et de joie sans fin. Une absence d'envie est une absence de vie. Si vous voulez devenir une véritable sœur déesse, vous devez être capable de reconnaître et célébrer vos envies. J'espère que la leçon 2 vous a permis de commencer à identifier vos désirs plus clairement. La prochaine leçon va vous donner les moyens d'alimenter vos désirs pendant toute votre vie, et de les faire croître.

liste des désirs

1. Un apartamento en la isla de las monjas. con piscina, salón de gracias, pista cidable, etc

2. Un massage

3. balade en — — — moto

4.

- Lista de deseo -
- belle vaisselle
- belle cuisine
- belle baignoire - Jacuzzi
→ belle maison / appartement
→ beau décor

Leçon 3

L'art féminin de s'amuser en tout temps

Le secret pour rester jeune est d'aimer le plaisir avec une passion démesurée.
Oscar Wilde

Maintenant que nous avons montré l'importance incroyable de vos envies, il est temps de préparer un terrain fertile dans lequel elles pourront croître. La joie et l'abandon insouciant aident les désirs à se développer. Dès que vous agissez avec exubérance, cela fait augmenter votre envie d'être heureuse. Mon travail, en tant que sœur et Déesse, est d'intervenir quand vous avez le cafard. Je veux vous aider à placer d'immenses obstacles dans votre ennuyeuse journée, pour que vous vous preniez les pieds dedans et vous rappeliez que vous êtes, en réalité, une petite effrontée. Je veux que vous incorporiez du plaisir et du grabuge dans votre routine, juste pour voir ce qu'il en ressort. Mama va vous apprendre à sortir votre belle vaisselle et à toujours manger dans une assiette en argent, que ce soit au travail ou à la maison. Venez faire des petites bêtises avec moi. Je vous promets que cela ne fera de mal à personne. Et puis, c'est vraiment pour une bonne cause.

Si, en lisant ceci, vous êtes en train de vous dire que vous avez complètement oublié comment vous amuser ou avez bien du mal à trouver plus d'une chose qui vous procure du plaisir, ne vous inquiétez pas. La plupart de mes SD manquent terriblement, voire complètement, de joie et d'amusement quand elles franchissent la porte de Mama. Le but que je veux atteindre dans l'intervalle de temps que nous passons ensemble est de les gaver d'amusement, de les pousser (parfois contre leur gré) à prendre plus de plaisir qu'elles ne l'auraient jamais cru possible, de se divertir bien plus qu'elles pensent le mériter.

Je sais que la majorité d'entre vous, les filles, survivez aussi depuis un bout de temps sur un régime strict de pain sec et d'eau (dans le domaine du plaisir et de l'amusement), et que vous vous demandez pourquoi vous vous sentez un peu blafardes, sans trop d'énergie, pas franchement heureuses. Rien ne vaut un peu de malnutrition pour faire s'évanouir le rose des joues des SD. Quand mes SD se mettent à se gâter (sauf qu'en réalité ce ne sont pas du tout des « gâteries », ce n'est que le minimum d'amusement quotidien requis), leur visage se met à rayonner. Elles commencent à avoir l'air... eh bien, en meilleure forme. On dirait qu'elles sont pleines de fraîcheur, en quelque sorte. Vous savez de quelle allure je parle – comme quand on vient de passer un merveilleux moment sensuel et qu'on est simplement en jeans et en t-shirt, sans maquillage, pas coiffée, mais qu'on a l'air superbe, qu'on se sent merveilleusement bien et que tout le monde s'en rend compte. Mes SD rayonnent. Et vous aussi, vous allez rayonner. Mais seulement si vous prêtez attention à votre joie.

Le plaisir et l'amusement (et j'utilise ces termes de façon interchangeable) sont le secret d'une vie comblée, mais leur utilisation est tout un art, qu'on nous a appris à ignorer. On nous a conditionnés à croire que si nous avons belle apparence et que nous travaillons dur, nous connaîtrons amusement et plaisir. Mais oui !

Mama veut vous voir aller à l'encontre de tout cela, et vous mettre à faire confiance à vos instincts, comme un saumon qui remonte le courant pour aller pondre. Mama veut vous apprendre l'art d'ajouter du plaisir à votre journée. Vous vous mettrez à rayonner si vous faites cela. Femme parmi les femmes, vous serez remarquée pour votre aura, votre clarté, votre style. Ce rayonnement apporte de la beauté aux femmes de tout âge et de toute origine, et ayant tout type de corps. Ce rayonnement est ce que recherchent celles qui se font faire un redrapage du visage, une abdominoplastie ou des implants, mais qu'on n'obtient pas auprès d'un chirurgien. Il provient de l'approbation personnelle interne, et ne peut jamais accompagner la désapprobation. Or, ce sont le plaisir et l'amusement qui créent un environnement adéquat pour que l'estime, voire l'adulation, de soi-même s'épanouisse.

∞

Si vous voulez rayonner, vous devez vous amuser. L'équation est simple, ma beauté. Travailler dur est une bonne chose, mais travailler dur sans s'amuser est une expérience vide et qui n'a aucun sens. S'amuser, cela ne veut pas dire passer sa vie à faire « Ah ah ah, youpi ! ». Toute expérience qui nous divertit et nous captive est de l'amusement. Parfois, s'amuser, c'est aller voir un film si triste qu'il nous fait sangloter comme un bébé. Quand je veux vivre ce genre d'amusement, je loue *Le facteur* ou *Ce cher intrus*. Faire du bénévolat dans une résidence pour personnes âgées peut aussi être de l'amusement. On peut s'amuser quand on s'est libéré assez longtemps pour aller au musée et rester assis aussi longtemps qu'on le désire devant notre tableau préféré. L'amusement, pour certains, c'est courir un marathon, ou, pour d'autres, le regarder. S'amuser, cela peut signifier essayer de nouveaux vêtements, ou avoir une conversation difficile, mais importante, avec une amie. Écouter de la musique. Manger exactement ce qui vous fait plaisir. Vous voyez le tableau – c'est vous qui définissez votre amusement. Vous pouvez donner à l'amusement une définition différente chaque jour, si cela vous fait plaisir.

La plupart d'entre nous avons l'habitude de ne pas nous amuser et ne pas nous concentrer sur le plaisir. Mais nous pouvons changer, et nous focaliser sur l'amusement. Nous pouvons commencer à faire du plaisir un de nos buts. Vous trouvez que cela a l'air simple ? Eh bien, en fait, NON, cela ne l'est pas. Il est peut-être facile d'identifier le but, mais remanier nos vies pour que le plaisir et l'amusement soient prioritaires est épouvantablement difficile. Mark Twain a dit : « On ne peut pas jeter une habitude par la fenêtre. Il faut lui faire descendre tranquillement l'escalier. » C'est la raison pour laquelle les cours que je donne à l'École des arts féminins durent sept semaines : pour que chaque apprentie SD puisse tranquillement abandonner l'habitude de se dénigrer et ait le temps de rendre prioritaires dans sa vie le plaisir et l'amusement. Accordez-vous autant de temps, voire davantage, pour lire ce livre. Ne soyez pas impatiente. Donnez-vous le temps de changer. Le plaisir est une habitude, tout comme s'épuiser à la tâche. Souvenez-vous qu'il faut du temps et des efforts pour changer une habitude, qu'elle soit bonne ou mauvaise.

Si vous voulez une vie pleine de gloire, d'aventure et d'audace, pénétrez lentement dans ce territoire inconnu appelé « plaisir et amusement ». Quittez le travail un peu plus tôt pour suivre un cours qui vous fait envie, ou pour aller boire rapidement un verre avec une amie. Posez un bouquet de fleurs sur votre bureau, prenez une pause pour aller acheter un bon petit café pour vous-même et une de vos collègues de travail. Allez magasiner, à la salle de sport ou à la manucure pendant votre pause du midi. Allez au parc pour lire un bon livre en mangeant un sandwich. Écoutez de la musique pour vous inspirer. Buvez du thé dans une jolie tasse en porcelaine. Mais, avant tout, divertissez-vous.

Soyez prête – vous allez vous faire critiquer parce que vous vous amusez. Mais, je vous rassure, vous ne serez pas la première. Mae West s'est retrouvée en prison après avoir écrit et joué sa pièce intitulée *Sexe*. Ingrid Bergman s'est fait bannir d'Hollywood à cause de sa relation avec Roberto Rossellini. Picasso, qui était en permanence en train de se réinventer, s'est fait énormément critiquer par la communauté artistique quand il a peint son premier tableau cubiste. Les critiques pensaient que Picasso avait perdu l'esprit, alors qu'il était simplement en train d'écouter son cœur. Suivez vos désirs et, qui sait, vous lancerez peut-être un mouvement dont on se souviendra longtemps après votre mort !

Vous n'avez pas à vous préoccuper de ce qu'il va en ressortir, tracez seulement votre chemin en fonction de l'amusement, et vous vous retrouverez sans nul doute à vivre votre plus audacieuse aventure. Pour vous aider, j'ai élaboré plusieurs exercices (que vous trouverez à la fin de ce chapitre) qui vous permettront de rester sur la bonne voie et qui vous soutiendront dans votre voyage.

Commencez par vous entraîner au travail. Bon nombre d'entre nous passent leur vie à faire des choses censées leur permettre ensuite de passer du bon temps, mais qui ne débouchent en réalité que sur davantage de travail, sur le vieillissement, le stress et l'épuisement. Si vous ne me croyez pas, dites-moi donc : à un moment donné, dans votre journée de travail, votre patron vient-il vous dire : « Beau travail ! Et si vous partiez plus tôt pour aller vous faire faire un soin du visage et un massage complet ? » Non, n'est-ce pas ? C'est bien ce que je pensais. De toute façon, même si notre supérieur nous faisait cette incroyable proposition et que nous prenions quelques heures en dehors de notre journée de travail, nous nous sentirions coupables. Allez, admettez-le ! Mais je vous garantis que, si vous faisiez une pause dans votre journée pour aller prendre un peu soin de vous, vous feriez bien mieux votre travail. Vous vous sentiriez dorlotée, radieuse et détendue (vous auriez l'impression d'être effectivement une déesse) et vous retourneriez au travail pleine d'enthousiasme et la tête claire. Mais, étant donné la façon dont fonctionnent nos vies professionnelles présentement, la plupart d'entre nous devraient mentir pour prendre ce genre de pause au milieu de la journée, malgré le fait que ce type de petit plaisir bénéficierait à tout le monde. Ah oui, on reçoit beaucoup d'encouragements quand il s'agit de travailler pendant l'heure du lunch, tard le soir, la fin de semaine, mais bien peu pour ce qui est de quitter le travail pour aller s'amuser ou ne rien faire pendant un moment. La vie est ainsi, bien que nous sachions tous que c'est en vacances que nous viennent nos meilleures idées.

On nous fait fonctionner à la douleur, pas au plaisir. Ce n'est pas étonnant que vous vous sentiez coupable si vous restez toute la journée à la maison, à manger des bonbons bien au chaud dans votre lit. Dans notre culture, on n'est censé rester au lit que lorsqu'on est malade. On se sent coupable et mal à l'aise si on s'amuse trop, parce que nous n'en avons tout simplement pas l'habitude. Avec notre patron, il est bien plus facile de discuter de la mauvaise grippe dont nous venons de nous sortir que de nos derniers exploits sexuels avec notre conjoint. Et nous savons tous bien lequel de ces deux évènements est *clairement* le plus amusant.

Nous résistons aussi bien au plaisir parce que la plupart d'entre nous avons cette petite voix intérieure qui nous dit que, si nous travaillons assez fort, nous pourrons un jour connaître le plaisir. La théorie du « on n'a rien sans rien ». Nous pensons visiblement que si nous travaillons assez dur, une bonne fée va nous tapoter sur la tête un jour et nous dire : « C'est l'heure de la pause, ma grande ! Va passer une semaine de congé dans le spa de ton choix. Tu l'as gagnée, tu la mérites ! » Ma beauté, il va faire beau avant que la fée des congés vous tape sur la tête. Nous devons toutes coiffer notre diadème de déesse, emprunter la baguette de la fée et jouer nous-mêmes le rôle de la fée des congés.

Je veux que vous évaluiez vos congés. Lors d'un sondage mené par Expedia.com, cinquante pourcent des travailleurs américains ont déclaré ne pas être partis en vacances parce qu'ils étaient « trop occupés pour partir ». Cette étude a évalué que ces congés que nous n'avons pas pris auraient représenté, en tout, plus de dix-neuf virgule trois milliards de dollars – soit environ deux cents dollars par travailleur américain ! Vous rendez-vous compte ? Ce n'est pas étonnant, alors, que les gens soient surchargés, stressés et surmenés. Nous avons même dépassé le Japon pour ce qui est du nombre d'heures travaillées. Il est vrai que travailler dur peut aussi mener au succès, sauf que quand on a pour but de se faire plaisir et de s'amuser, on réussit toujours.

Quand on recherche le succès et qu'on abandonne le plaisir, on n'a plus qu'une chance sur deux d'apprécier la vie. Ne voulez-vous pas augmenter vos chances de connaître une vie heureuse ? J'ai vu beaucoup de femmes faire ce choix. Vous pouvez en faire partie, vous n'avez qu'à en prendre la décision.

Prenons l'exemple de SD Patricia, avocate. Elle aimait ce qu'elle faisait, mais avait pris l'habitude de travailler comme une esclave dans son cabinet d'avocats qui marchait très bien. Depuis quelque temps, cependant, elle avait le teint un peu blafard, elle se sentait épuisée et manquait d'inspiration. Les besoins de ses clients la minaient et elle aurait adoré recevoir la visite de la fée des congés. Mais la philosophie professionnelle de Patricia était de toujours faire passer les besoins de ses clients en premier. Elle a été étonnée par ce qu'elle a découvert quand elle s'est mise à tenir compte de son plaisir et de son amusement *en plus* des besoins de ses clients.

Dès le début de sa formation de déesse, Patricia a commencé à apprendre les techniques pour intégrer la dose nécessaire de plaisir dans ses journées, qui ne comprenaient jusque-là que du travail. Elle s'est promis de faire au moins une chose qui lui serait agréable chaque jour. Après avoir compris le principe, Patricia a pris son rythme de croisière. On ne pouvait plus l'arrêter, lancée qu'elle était dans sa quête d'autosatisfaction. Elle s'est fait poser des rallonges de cheveux, s'est procuré une chaise plus confortable, est allée feuilleter des livres dans une librairie pendant sa pause de midi. Elle s'est aussi assurée de faire plus attention aux heures de début et de fin de ses rencontres professionnelles, afin que celles-ci conviennent mieux à son emploi du temps, et non uniquement à celui de ses clients.

Patricia s'est mise à commander des muffins et des cappuccinos pour tout le monde lors des réunions de bureau, pour les rendre plus agréables. Certains jours, elle allait même s'entraîner à la salle de sport pendant la pause du midi. Elle s'est mise à s'habiller de façon plus sexy et à porter des souliers rouges à talons hauts, simplement pour le plaisir. En dehors du travail, Patricia a commencé à planifier des activités plus agréables : souper avec une amie, aller voir un film, aller au musée. Elle a aussi trouvé le temps de réaliser son vieux rêve de jouer le rôle de mentor auprès d'un enfant : elle est devenue Grande Sœur. Bientôt, les journées de Patricia sont devenues essentiellement concentrées sur ses expériences agréables, autour desquelles s'organisaient les besoins de ses clients. En matière de travail comme de plaisir, elle a fait un virage à cent quatre-vingt degrés.

En conséquence, Patricia est devenue plus efficace et s'est trouvée à gagner encore mieux sa vie ! Ses clients appréciaient davantage passer du temps avec elle depuis qu'elle avait commencé à prendre du plaisir ; la collaboration se faisait dans l'efficience et le plaisir ! Ses clients se sont mis à la recommander à leurs amis et collègues. Ils assuraient que non seulement elle connaissait bien son travail, mais qu'elle le faisait dans la joie.

En dehors du travail, Patricia avait aussi plus de temps et d'énergie pour sortir avec des hommes : elle avait renouvelé ses réserves. Naturellement, comme Patricia s'amusait davantage, elle attirait plus d'hommes. Elle avait l'air plus jeune, se sentait mieux et était plus heureuse qu'elle l'avait jamais été. Au final, on aurait dit l'incarnation de la fée des congés. Aimez-vous cette idée ? Eh bien, bonne nouvelle : vous pouvez faire la même chose !

Ma chère, la seule façon d'être plus heureuse est de cultiver son jardin d'envies. Tout comme une graine a besoin de terre, de soleil et d'eau pour croître, vos désirs ont besoin de tout un système de soutien pour vraiment prendre vie. Les meilleurs engrais que vous puissiez trouver pour vos germes de désirs sont l'amusement et le plaisir. Ceux-ci sont complètement naturels et on ne peut pas en abuser, alors saupoudrez-en votre vie quotidiennement. Si, en tant qu'apprentie SD, vous êtes vigilante au sujet de votre amusement et de votre plaisir, vous augmenterez votre audace, votre vivacité et votre confiance. Bientôt, vous vous sentirez infiniment plus à l'aise d'exprimer vos envies et, par conséquent, aurez bien plus de chances de les voir se réaliser.

L'autre jour, je me suis fait interviewer par un journaliste du *Sri Lankan Daily Mirror*. Celui-ci m'a demandé quel message je voulais faire passer aux femmes du Sri Lanka. Je veux leur transmettre le même message qu'à toutes les autres femmes : il est temps de vous faire passer en premier ! La plupart des femmes pensent qu'elles recevront enfin ce qu'elles méritent quand elles se seront occupées de leur travail, de leur mari et de leur famille. Pour être une sœur déesse, vous devez vous occuper de vous-même *en premier*. Ce n'est qu'en faisant cela que vous pourrez bénéficier de la clarté et de la joie intérieures, et du surplus d'énergie nécessaire pour pouvoir vous occuper des autres. Se satisfaire soi-même est la seule façon d'atteindre le bonheur personnel, tout comme le bonheur en couple ou familial.

Discutons donc de l'art de s'amuser à la maison. Pour nous inspirer, penchons-nous sur le cas de SD Rachel. Courtière en immobilier stressée et surmenée, fin vingtaine, Rachel était mariée et mère de trois garçons. Quand j'ai rencontré cette jeune femme du New Jersey pour la première fois, elle courait du bureau au service de garde, puis jusqu'au supermarché pour acheter le souper, avant de se précipiter dans sa cuisine pour préparer le repas, après quoi elle fonçait faire le ménage, bref, vous voyez le tableau. Son mari, un dentiste de Fort Lee, était adorable mais il ne voyait pas du tout comment il aurait pu aider davantage sa femme, ou comment il pouvait la rendre heureuse. Ils n'avaient pas fait l'amour depuis la naissance de leur dernier fils, qui avait dix-huit mois. Comment auraient-ils pu trouver le temps d'avoir des rapports sexuels, ou même de s'engager dans une bonne conversation? Mais Rachel et son mari continuaient, résignés, parce qu'ils pensaient que c'était ce qu'ils étaient censés faire. Puis, un jour, Rachel a entendu parler de mes cours et s'y est inscrite.

Après avoir pleuré pendant les trois premières semaines de sa formation en Arts féminins, SD Rachel a décidé d'arrêter d'être triste et fâchée, et de prendre sa revanche sur tout cela en intégrant à sa vie ce dont nous parlions tellement en cours, c'est-à-dire le plaisir. Sa première démarche a consisté à engager une gardienne d'enfants – et à prendre une journée de congé. Elle n'avait jamais fait cela auparavant. Rachel n'avait jamais engagé quelqu'un pour s'occuper de ses enfants que lorsque son mari et elle devaient tous deux travailler. Une fois la gardienne arrivée, Rachel s'est rendue au centre commercial. Elle a acheté des draps pour installer le lit de son plus jeune fils dans la chambre de l'un de ses frères, afin qu'il ne dorme plus dans sa chambre à elle. Elle est allée se faire faire une manucure et une pédicure. Elle s'est acheté des sous-vêtements et une robe sexy. Elle s'est arrêtée chez le coiffeur pour y recevoir un brushing.

En chemin vers chez elle, Rachel se sentait incroyablement bien. Quand elle est arrivée à la maison, elle a fait le lit de son bébé avec les nouveaux draps, a pris un bain et a demandé à la gardienne de rester. Étant donné la nuit que Rachel avait prévu de passer, ni elle ni son mari n'aurait d'attention à accorder à leurs enfants. Quand son mari est rentré du travail, Rachel avait installé des chandelles, mis de la musique et s'était glissée dans les nouveaux sous-vêtements qu'elle avait achetés. Il n'aurait pas pu être plus surpris! Ces deux-là ont passé la nuit la plus excitante et la plus romantique depuis leur rencontre. Rachel n'avait jamais acheté de lingerie sexy auparavant, parce que son mari prétendait qu'il n'aimait pas particulièrement cela. Mais, ce soir-là, elle a découvert que ces sous-vêtements en soie l'excitaient elle… ce qui excitait son mari à son tour !

Dans certains cas, les hommes peuvent réellement se sentir menacés quand nous commençons à nous engager sur le chemin du plaisir. Pourtant, ils n'ont rien à craindre. Depuis la nuit des temps, depuis qu'il y a des hommes et des femmes, l'importance et l'intensité des désirs des femmes sont le facteur décisif dans leurs vies. En fait, quand une femme s'écarte de ses vraies envies et les perd de vue, elle entraîne généralement son partenaire ou sa famille dans la fosse de la déception. Nous avons une puissance de création incroyable, mais, quand nous n'écoutons pas nos vrais désirs, les seuls fruits de notre énergie créatrice sont l'amertume et la colère. Beaucoup d'amertume et de colère. En revanche, quand une femme obtient ce qu'elle veut, elle a tendance à foncer dans la vie, et elle aide aussi ceux qui l'entourent à se sentir bien. Par exemple, maintenant, le mari de SD Rachel se promène chez lui en disant «Merci, Mama Gena», alors que nous ne nous sommes jamais rencontrés.

Le mariage et la carrière de Rachel étaient des réussites. Mais, en réalité, la vie n'était pas amusante, ni pour elle, ni pour son mari. Quand elle a décidé de prioriser le plaisir, tout est devenu plus amusant. Elle a davantage apprécié sa famille, a rallumé la flamme de la passion et s'est même mise à briller encore plus au travail. Elle n'a jamais cessé de prêter attention au plaisir, et, maintenant, son mari et elle sont bien plus heureux.

L'engagement de Rachel envers son propre plaisir l'a non seulement merveilleusement rapprochée de son mari, mais a également eu des conséquences sur sa vie profession-nelle. Elle avait toujours bien réussi, mais elle avait ten-dance à adopter une attitude un peu passive dans le cadre de son travail de courtière en immobilier. Elle s'en remet-tait aux avis de ses collègues ayant plus d'ancienneté qu'elle dans son agence et restait généralement discrète. Après avoir repris le contrôle de sa vie, cependant, sa confiance en elle-même a augmenté, ce qui a affecté à la fois sa vie à la maison et sa carrière. En tant qu'élève à la recherche du plaisir, elle a décidé que sa mission était de prendre plus de responsabilités et de commencer à apprécier ses succès.

Un jour, à peu près à cette période de grands change-ments dans sa vie, Rachel attendait un client pour lui faire visiter une maison quand un très bel homme, au volant d'une splendide Ferrari, s'est arrêté près d'elle pour deman-der son chemin, précisant qu'il était à la recherche d'une maison à acheter. Elle venait de lui expliquer comment se rendre à l'adresse qu'il cherchait quand elle a réalisé : « Voyons donc ! Ce pourrait être un de *mes* clients ! » Elle l'a suivie, l'a arrêté et lui a remis sa carte en expliquant qu'elle était elle-même courtier. L'homme l'a bien aimée, a appré-cié son enthousiasme... et elle a fini par lui vendre une maison d'un million de dollars. Ce genre de comportement un peu exubérant, cette agressivité, ne ressemblait pas du tout à SD Rachel, mais en l'occurrence, elle avait beaucoup aimé se sentir efficace, se voir réussir son coup de la sorte. Elle avait pu enfin trouver son pouvoir.

Tout avait commencé avec Rachel faisant plaisir à Rachel. Et cela, ma chère déesse, c'est le lien qui manque dans toutes nos formations, toutes nos éducations. La bonne nouvelle, c'est que notre plaisir ne cesse jamais d'être disponible, qu'il est toujours à notre portée, attendant qu'on le saisisse.

Quand vous pratiquez les Arts féminins, vous touchez, goûtez, sentez, ressentez et vivez tout ce que la vie peut vous offrir. Vous croquez dans l'existence avec enthousiasme et apprenez à découvrir exactement ce qui vous plaît. Le plaisir et l'amusement sont les clés non seulement de votre bonheur, mais du bonheur de votre relation de couple, tant que vous vous engagez à vous faire passer vous-même en premier.

Comme je l'ai déjà dit, au départ, un grand nombre de femmes n'ont pas la moindre idée de ce qui leur fait du bien. Vous pourriez vous retrouver dans une situation semblable. Parfois, vos muscles de l'amusement et du plaisir sont si atrophiés qu'on ne les voit pas, inutile de penser même à s'en servir. Les exercices suivants sont conçus pour renforcer ces muscles. Essayez de remettre vos désirs en assez bonne forme pour pouvoir accéder au bonheur, à l'épanouissement et à la joie dont vous rêvez.

Exercice 1 : *Faites la fête avec vous-même*

Faites quelque chose pour mettre en valeur votre féminité, pour soigner votre adorable corps. Votre féminité,
votre existence de femme, est votre responsabilité. Mama
veut que vous exploriez vos cinq sens et le plaisir qu'ils
peuvent vous procurer.

Allez recevoir une manucure, une pédicure ou un massage. Organisez une petite fête pour vous-même. Servez
vos aliments et vos boissons préférés. Si vous ne savez pas
exactement ce que vous préférez, c'est le bon moment pour
le découvrir. Achetez trois différentes bouteilles d'eau ga-
zeuse et déterminez laquelle vous aimez le plus. Goûtez
cinq chocolats différents, jusqu'à ce que vous tombiez sur
celui que vous préférez. Essayez des aliments que vous
n'avez jamais mangés auparavant. Activez-vous. Mettez de
la bonne musique et dansez, juste pour le plaisir. Décorez
votre corps. Recouvrez-vous d'autocollants, de plumes, de
rubans, de tatouages, de paillettes. Dansez pour fêter votre
existence. Après tout, sans vous, il n'y a pas de fête !

Exercice 2 : *Le plaisir hebdomadaire*

Prévoyez de faire une chose qui vous fait plaisir une fois
par semaine. Si vous pensez qu'il y a le moindre risque que
vous ne respectiez pas cet engagement, demandez à une
amie de vous appeler chaque semaine pour que vous vous
racontiez l'une l'autre le plaisir que vous vous êtes accordé
chacune. Essayez de vous surpasser mutuellement ! Essayez
de transformer un moment d'habitude ordinaire en moment
spécial et amusant. Nous avons vu que Patricia a trouvé une
nouvelle raison de prendre du plaisir lors de ses longues et
ennuyeuses réunions quand elle s'est mise à commander

des collations pour tout le monde. Déterminez ce qui peut vous donner du plaisir. Vous pouvez peut-être prendre une pause au milieu de votre journée de travail pour aller courir au parc, ou pour aller acheter des beignes pour vous-même et vos collègues de travail. Et, surtout, ne pensez pas que vous devez dépenser de l'argent pour vous amuser. Certains des plaisirs les plus intenses, et pourtant les plus ignorés, ne coûtent absolument rien : se brosser les dents nue, mais en souliers à talons hauts, chanter sa chanson préférée à tue-tête, aller faire une promenade avec une amie avec qui on adore discuter, méditer avant de se coucher, faire une séance de baisers avec l'homme de notre entourage qui embrasse le mieux… Faites des expériences !

Une vie sans plaisir est comme un biscuit soda sans sel et sans trempette. C'est une vie qui manque terriblement de goût. La déesse ne peut vivre sans plaisir.

Exercice 3 : *Quatre, cinq, six, cueillir du plaisir…*

Préparez un panier de plaisir pour votre chambre à coucher. Remplissez-le de préservatifs, de lubrifiant, de jouets sexuels, de chocolats, de plumes, de petites serviettes de toilette, de récits érotiques, bref, de tout ce qui peut rendre l'heure du coucher plus agréable. Vous êtes une déesse sensuelle tous les jours, pas uniquement quand vous avez de la compagnie, et votre chambre à coucher est votre centre de commandement. Votre panier doit contenir d'amusants jouets sensuels pour vous-même, ou des objets érotiques à utiliser avec un partenaire. Incluez de nombreux articles pour ces douces nuits où vous êtes toute seule – un sachet de chips, vos films préférés. Ajoutez des accessoires pour agrémenter votre tenue – un collier de perles, un porte-jar-retelles, tout ce qui peut vous mettre en joie. Faites de votre chambre votre terrain de jeu et déterminez comment y passer du bon temps, seule ou avec d'autres.

Exercice 4 : *Rendez agréable un moment qui ne l'est habituellement pas beaucoup*

Déterminez quels sont ces petits moments de votre vie que vous redoutez ou détestez. Réfléchissez à ce que vous pourriez faire pour rendre une de ces activités plus amusante. Une sœur déesse a décidé de porter une robe de soirée pour faire sa lessive, d'autres ont demandé à leur petit ami de s'occuper de la cuisine ou du ménage, une autre encore a prévu de partir quarante minutes plus tôt le matin, pour pouvoir aller au travail à pied au lieu de prendre le métro. SD Katie devait faire deux heures de transport en commun pour se rendre au bureau. Nous lui avons conseillé d'emporter des collations, des livres audio, des récits érotiques, un téléphone cellulaire, un bloc à dessins, de la musique et un thermos de thé. Elle n'a pas tardé à apprécier ses trajets !

Exercice 5 : *Dites oui à une offre que vous déclineriez en temps normal*

Nous recevons tous des invitations ou des offres pour lesquelles nous n'avons pas le temps, qui ne nous intéressent pas ou qui risquent de déranger notre petite routine. Cette semaine, dites *oui* à une proposition à laquelle vous diriez *non* en temps normal. Prenez des risques. Souvenez-vous que vous êtes en train de faire des recherches sur vous-même. Vous allez pouvoir vérifier si vous appréciez en réalité des activités que vous n'incluez pas d'habitude dans votre emploi du temps. Assistez à cette dégustation de vin, participez à cette sortie entre filles, allez voir ce film. Vous avez plus de chance de décrocher le gros lot si vous participez à la loterie !

∽

Amusement et plaisir sont les éléments clés si vous voulez devenir une déesse forte et assurée. N'oubliez pas que vous ne pouvez pas être amusante si vous ne vous amusez pas. Sachez que votre plaisir ne connaît pas de limites, et que vous êtes la seule à déterminer à quel point vous voulez vous amuser. Pourquoi ne pas vous faire la promesse à vous-même que vous allez vous amuser plus que prévu d'ici la fin de votre vie ? Faites du zèle en matière d'amusement. Le plus beau cadeau que vous puissiez faire à une autre personne est lui garantir que vous allez être épanouie et saurez vous amuser. C'est la garantie d'une relation intime et plaisante, que ce soit avec vous-même ou avec d'autres. Dans la leçon suivante, nous allons voir comment vous pouvez introduire de nouvelles dimensions de plaisir dans votre vie, et évaluer leurs conséquences sur votre existence de déesse. Êtes-vous prête à découvrir le joyau de la déesse ? Alors suivez-moi, votre joyau n'attend que vous !

Leçon 4

L'art féminin de la volupté

Est-ce que ma sensualité vous dérange ?
Trouvez-vous surprenant
Que je danse comme si, entre mes cuisses,
Se trouvaient des diamants ?

MAYA ANGELOU, *Still I Rise*

Bon, bon, bon, comment vous en sortez-vous jusque-là, apprentie SD ? Vous avez suivi Mama Gena jusqu'au chapitre 4. Ce pourrait bien être ici que nos chemins vont se séparer. Pourquoi donc ? Eh bien, vous pourriez bien avoir envie de chasser votre chère Mama Gena, car je vais vous suggérer d'apprendre à bien connaître votre saint des saints, votre grotte de velours, de réellement vous l'approprier et d'en tirer grand plaisir.

Un des tout premiers épisodes de *Star Trek* s'appelait « Où nul homme n'est allé avant ». Cela pourrait en quelque sorte s'appliquer à l'aventure dans laquelle je vous propose de vous lancer au cours de cette leçon. En revanche, cet endroit où nous nous apprêtons à nous rendre ne se trouve pas dans une galaxie très, très éloignée. Il n'est en fait pas bien loin. Nous nous préparons à explorer un endroit que certaines femmes n'ont pas encore vraiment découvert, ce lieu où chaque femme, pourtant, est pleinement et sensuellement elle-même. Je vais être tout à fait honnête. Vous savez ce qu'on veut dire quand on affirme qu'on connaît quelque chose comme le fond de sa poche ? Eh bien, voilà comment je veux que vous connaissiez votre vulve : comme le fond de votre poche. Je veux que sachiez à quoi elle ressemble, en détails, que vous soyez capable de la reconnaître parmi une multitude d'autres (si l'occasion devait s'en présenter...) En fait, je veux même que vous connaissiez votre vulve mieux que votre poche. Elle a bien plus à vous offrir que votre poche.

Vous voyez à quel point une danseuse connaît son corps ? Elle sait combien elle est souple et forte, et si elle apprend à bien se servir de cet instrument qu'est son corps, il devient un poème mouvant et elle en est elle-même décontenancée. Une sœur déesse apprend à connaître sa sensualité tout aussi bien. Quand vous habitez votre sensualité, tout s'ouvre à vous. Vous faites naître bien plus de sensations dans tout votre être, vous ressentez la joie qui vous est disponible du fait que vous êtes une femme. Je vous promets que si vous êtes sensuellement consciente, vous serez plus confiante et apprécierez davantage votre vie. Certaines personnes apprennent à prendre grand soin de leur apparence extérieure, mais ignorent leur sexualité. Il y a tant de tabous. Nous en savons souvent plus sur nos dents ou nos cheveux que sur notre vulve. Certaines femmes pensent qu'on n'a pas le temps de tout faire. Mais on l'a. Certaines femmes estiment que ce n'est pas leur responsabilité. Pourtant, cela l'est. Certaines femmes se sont fait dire qu'elles se feraient éveiller sensuellement par leur partenaire. Or, un partenaire peut effectivement nous faire découvrir de nouvelles choses, mais à condition qu'on soit déjà éveillée. Tout comme une danseuse, il faut savoir faire une pirouette toute seule avant d'apprendre à réaliser un pas de deux.

Je veux inciter toute femme en train de lire ce livre à devenir versée dans tous les aspects de son plaisir physique. Son corps, dans toute sa sensualité, est une source de plaisir sans fin. La sensualité est un de ces domaines dans lesquels on peut investir un tout petit peu, mais obtenir pourtant d'immenses profits, ou bien investir beaucoup et voir en retour sa vie en être complètement changée. Les cours de la bourse fluctuent, les fraises peuvent ne plus être de saison, la mode change constamment, mais votre sensualité est toujours là pour vous, fidèle, prête à vous donner du bon temps. Vous n'avez pas besoin de partenaire pour que votre corps connaisse l'extase. Cela ne coûte rien. Cela ne prend pas beaucoup de temps. Pour faire simple, appelons ce voyage vers la découverte et la réappropriation sensuelle de soi le « chemin de la Chatte ».

Qu'en dites-vous ? Avons-nous rendez-vous ? Avant de refermer violemment ce livre d'un air gêné ou horrifié, écoutez juste le raisonnement de Mama pendant encore un moment. Veuillez considérer le fait que les autres vous ont convaincue que « chatte » était un mot vulgaire et grossier. Mais si vous acceptez ma définition de ce terme et mon explication de ce qu'il représente, le mot « Chatte », avec une majuscule, pourrait bien devenir votre nouveau terme préféré. Vraiment.

« Vulve » dénote la partie du corps. « Chatte », mon mot préféré d'entre tous, signifie davantage : il se rapporte à l'épicentre de la créativité physique, émotionnelle et spirituelle de la femme. La Chatte est bien plus que l'entrejambe. Dans mon monde, « Chatte » est un terme qui désigne un concept métaphysique, c'est-à-dire l'essence du pouvoir féminin. La Chatte influence la façon de penser de la femme et ce qu'elle perçoit, sa façon de travailler et se reposer, les rapports qu'elle entretient avec les autres et comment elle communique avec eux. Si une femme fait confiance à sa Chatte, cela signifie qu'elle suit ses instincts et croit à la légitimité de ses désirs.

J'ai vu des femmes envisager tout à coup leur vie sous un tout nouveau point de vue uniquement parce qu'elles s'étaient mises à nommer leur Chatte, à faire confiance à leur Chatte, à conquérir leur Chatte. Laisser notre corps nous montrer le chemin vers notre vérité, n'accorder d'importance à aucun autre système de valeur que nos propres réactions physiques élémentaires, c'est à la fois l'élan le plus simple et le plus naturel, et la chose la plus compliquée à faire. Cela pourrait bien représenter une nouvelle approche audacieuse et révolutionnaire de la vie, pour vous. Imaginez-vous faire tellement confiance à votre intuition que vous ne dites *oui* qu'aux offres que vous voulez vraiment accepter, et non à celles que vous vous sentez obligée d'accepter. Imaginez-vous en train de dire *non* avec joie et satisfaction, plutôt qu'avec culpabilité et colère. Dans cette optique, le mot « Chatte » peut défricher pour vous de tout nouveaux terrains de jeu où batifoler.

Je me rends bien compte que ce concept ne convient pas à tout le monde. Si vous n'êtes pas prête à vivre une aventure libératrice au pays de la Chatte aujourd'hui, vous pouvez bien sûr sauter cette leçon et vous réfugier sur des terres plus sûres. Une autre possibilité est de faire plaisir à Mama et de continuer votre lecture, même si vous ne voulez pas faire les exercices.

Dans des traditions qui remontent à l'aube de la civilisation, la vulve de la femme était vénérée. Elle était considérée comme le « portail de la vie, possédant à la fois la puissance de la régénération physique et celle de l'illumination et de la transformation spirituelles » (Riane Eisler, *Sacred Pleasure*). Oui oui. Pendant trois mille à cinq mille ans, jusqu'à il y a environ cinq mille ans, hommes et femmes vénéraient la Déesse et le pouvoir de la sensualité féminine. L'art préhistorique comprend des vulves peintes sur les murs de grottes sacrées et des autels triangulaires comme des pubis, et, sur les statues religieuses, les vulves étaient particulièrement mises en valeur. L'humanité percevait la puissance féminine comme la force qui animait l'univers tout entier. De nos jours, nous avons si peu l'habitude de penser de la sorte, de ressentir cette vénération pour le portail créateur du corps féminin, que nous ne parvenons même plus à prononcer les mots qui le désignent sans un certain embarras.

À chaque cours, je demande à mes SD comment on appelait « la leur » quand elles étaient petites et qu'elles apprenaient à nommer les éléments de leur monde. En général, plus de la moitié des élèves ne disent rien, ou alors qu'on en parlait en disant seulement « le bas ». Les termes qu'on utilise pour nommer les parties de nos corps (et l'absence de termes pour nommer certaines de ces parties) jouent un rôle dans la façon dont nous apprenons à nous respecter, nous accepter et nous célébrer.

Bien sûr, les parents de certaines de mes élèves leur avaient *effectivement* enseigné des mots pour nommer ces parties. Certaines de ces élèves sont trop gênées pour nous faire part du nom qu'elles ont appris. D'autres le trouvent hilarant. On m'a ainsi parlé du « petit abricot », de la « zézette », du « bonbon », de la « petite fleur », de la « minette », de la « cocotte », du « titi »... Moi aussi, j'aurais ri en entendant ces noms colorés, si cela n'avait été si triste. Voyez-vous maintenant où prend racine le chaos interne de la femme, quand elle n'a que ces pauvres mots mal choisis pour nommer les parties les plus belles et les plus puissantes de son corps ?

Il y a toujours quelques SD, dans mes cours, qui utilisent le mot « vagin ». À première vue, ce terme semble mieux que les euphémismes que nous venons de citer, mais, en fait, le vagin est uniquement la partie interne du sexe de la femme. Il n'inclut pas les parties externes. Ce serait comme d'appeler « scrotum » le pénis : ce n'est tout simplement pas exact. Étymologiquement, le mot « vagin » vient du mot latin qui signifie *gaine*, c'est-à-dire un étui de la forme de l'objet qu'il enveloppe et protège. Nos corps sont donc vus comme des accessoires, des rôles secondaires, et non comme les acteurs principaux de la scène. Commencez-vous à prendre conscience du pétrin dans lequel nous nous trouvons ?

Bon, j'imagine que vous vous demandez ce qu'il en est du mot « vulve ». Ce terme est plus précis, et convient mieux, c'est certain. La vulve est l'ensemble des organes génitaux externes de la femme, c'est-à-dire principalement les grandes lèvres, les petites lèvres, le clitoris, le méat urinaire et l'entrée du vagin. Quand ma fille avait deux ans, je lui ai appris à utiliser le mot « vulve ». J'étais enchantée et heureuse de lui donner la chance de savoir nommer les parties de son corps à cet âge-là. J'avais passé ma vie à chercher mes parties manquantes et à me sentir gênée de cet intérêt que je leur portais. J'espère avoir évité à ma fille ce long et difficile voyage qui consiste à s'éloigner de soi-même pour finir par se retrouver.

Je voudrais vous emmener faire un petit tour. Je veux vous présenter, ou vous présenter de nouveau, à votre merveilleuse Chatte. Prenez un miroir à main et une lampe de poche, et fermez la porte. Allongez-vous par terre avec moi et enlevez votre culotte. Écartez vos petites lèvres et observez le paysage. La gamme possible de couleurs que vous pourrez admirer entre vos jambes est immense. Cela peut aller du rouge rubis au rose le plus pâle, en passant par le rose saumon, le rose pêche, le brun, le violet, le beige et le bleu. Les couleurs d'un coucher de soleil... On peut y observer des éléments symétriques et des éléments asymétriques, comme dans la nature. Je veux que vous vous observiez sans laisser naître de jugement, uniquement avec intérêt et appréciation. Regardez vos grandes lèvres, vos petites lèvres. Essayez de trouver le clitoris, ce centre des activités, riche de huit mille terminaisons nerveuses, dont la dimension varie de tout petit à très gros. D'habitude, il est caché dans un petit repli de peau appelé le «capuchon», destiné à le protéger. Admirez cette perle. Pour commencer, nous observons ce que nous possédons, et, ensuite, nous allons voir comment tout cela fonctionne. Nous nous lançons dans une investigation scientifique complète.

C'est drôle. Imaginez que je vous dise : «Il y a une Maserati dans votre garage, elle est à vous, c'est un cadeau. De plus, le coffre est plein d'argent, qui est pour vous aussi. D'ailleurs, il a toujours été à vous, vous ne saviez simplement pas qu'il existait.» J'imagine que vous seriez méfiante, au départ, mais je parie que cela ne me prendrait pas dix minutes pour vous convaincre d'aller faire un tour pour essayer la voiture. Or, vous avez quelque chose de bien plus précieux, de bien plus efficace qu'une voiture – vous avez une Chatte – et pourtant, bon nombre de mes lectrices vont décider de sauter cette leçon, dans laquelle je donne les instructions d'utilisation de votre machine de rêve, parce qu'elles trouvent ce sujet choquant. Si c'est votre cas, allez directement à la leçon 5, qui est très amusante. La leçon 6 et celles qui suivent sont aussi divertissantes, alors vous pouvez continuer, et revenir à celle-ci plus tard.

Après tout, le concept d'une femme qui connaîtrait bien son corps et qui se donnerait du plaisir n'est plus à la mode depuis des millénaires. Prendre le contrôle total de votre corps et de votre plaisir n'est pas une mince affaire. C'est même un incroyable changement de direction, ma belle. Mais ne vous jugez pas vous-même si vous hésitez à prendre le volant pour vous lancer dans la plus grande aventure de votre vie. On nous apprend à nous adosser au siège et à laisser quelqu'un d'autre conduire à notre place. La vérité est que, quand on pense que quelqu'un d'autre que nous contrôle notre plaisir, on ne se peut pas se sentir en contrôle de soi-même. Quand j'avais dix-neuf ans, je ne savais pas trop si je couchais avec mon petit copain parce que j'en avais envie ou parce que c'était ce qu'on attendait de moi. J'étais curieuse, mais je n'étais pas sûre de savoir quels signaux suivre. Toutes mes amies proches le faisaient, alors je l'ai fait aussi. Beaucoup de femmes m'ont raconté des histoires semblables. Si vous pensez que votre petit ami, votre gynécologue ou votre mère en sait plus que vous-même sur votre nature sexuelle ou vos parties génitales, vous êtes vraiment dans de beaux draps! Vous ne pouvez pas habiter et animer ce que vous pensez que quelqu'un d'autre possède. Tant que vous n'avez pas conquis votre sensualité, vous ne pourrez qu'être dépendante ou désespérée pendant vos relations sexuelles, ou vous aurez besoin de beaucoup d'attention. Vous ne pouvez vivre une vraie relation que si vous savez vraiment qui vous êtes.

De tout temps, nous espérons que la prochaine génération de femmes connaîtra une plus belle vie que nous.

Et c'est ce qui arrive chaque fois. Nous pourrions même améliorer la vie des femmes qui atteignent l'âge mûr aujourd'hui en décidant de nous réapproprier notre sensualité dès maintenant. Sur les centaines de SD qui ont franchi ma porte, pas une seule n'ignorait comment faire du bien à un pénis (pas une seule ne l'a avoué, en tout cas). Mais presque aucune ne savait comment se faire du bien à elle-même, et elles désespéraient presque toutes de trouver un jour une façon d'expliquer à leur partenaire comment leur donner du plaisir. Je ne suis pas en train de dire que ces femmes étaient anorgasmiques – elles n'avaient tout simplement pas exploré leur propre plaisir avec le même sentiment d'obligation, de légitimité et de liberté que lorsqu'elles avaient sondé le plaisir masculin.

Cela fait que les femmes sont désavantagées, mais c'est aussi ce qui empêche les hommes de pouvoir apprendre ce qu'est vraiment une femme. Si la femme n'apprend pas ce que c'est que d'être vraiment une femme et n'en fait jamais l'expérience, comment son homologue masculin peut-il vraiment apprendre à la connaître? Je veux que vous appreniez tout sur la Chatte, comment la soigner, la nourrir et lui faire du bien. Allez-y à votre propre rythme. Vous êtes votre meilleure guide. Et avant que vous ne fassiez l'école buissonnière pendant cette leçon, si vous êtes encore là, présentement, laissez-moi vous faire part d'une chose que j'ai remarquée depuis que j'ai fondé mon École des arts féminins. Au cours de mes trois dernières années de travail, que j'ai passées en compagnie de centaines de SD, je me suis rendu compte que celles qui s'opposaient le plus à ces informations au départ étaient celles qui finissaient par en bénéficier le plus.

Continuons donc nos recherches. Passons de l'inventaire visuel à la manipulation. La masturbation ne m'intéresse pas. Ce qui me captive, c'est le plaisir qu'on se donne à soi-même. Le mot « masturbation » est très connoté et implique une activité faite dans un but précis. Tout cela risque en fait d'entraver nos progrès. Je veux que, avec moi, vous commenciez sur de nouvelles bases. Tout d'abord, créez un refuge propre et privé où vous pourrez vous faire du bien. Préparez-vous. Prenez un bain, enfilez une chemise de nuit ou une robe de chambre. Hydratez votre peau veloutée, parfumez-vous si vous aimez cela. Allumez une chandelle, mettez de la musique douce. Évitez de boire de l'alcool, parce que l'alcool atténue les sensations. Or, ce que nous voulons, c'est que tous vos sens fonctionnent parfaitement. Vous pouvez commencer par regarder votre Chatte à l'aide d'un miroir à main, parce que je veux que vous la voyiez avant et pendant que vous vous caressez, ainsi qu'après. Votre Chatte va changer. Le clitoris va gonfler, les lèvres vont devenir plus foncées parce qu'elles vont se gorger de sang pendant l'excitation, et la région toute entière va se gonfler, va devenir plus charnue, plus voluptueuse. Quand vous commencerez à vous toucher, je veux que vous utilisiez votre main comme si elle était un instrument destiné à donner du plaisir. Je veux que vous preniez du plaisir grâce à votre main. Votre égoïste main. Faites-la courir sur vos poils pubiens comme si vous étiez en train de caresser la fourrure d'un chaton. Faites-la tourner et tournoyer. Écartez doucement vos grandes lèvres et passez les doigts lentement sur la peau délicate de vos petites lèvres. Faites-le d'abord sans lubrifiant, puis avec. (Personnellement, j'adore le lubrifiant.) Ensuite, explorez avec vos doigts vos petites lèvres, l'entrée de votre vagin et votre clitoris. Caressez d'abord votre clitoris à travers son capuchon, puis relevez ce dernier et touchez votre clitoris directement. À partir de là, je recommande vraiment d'utiliser du lubrifiant. La chair des parties génitales est très délicate, mais très résistante. Je veux que vous essayiez d'appliquer toutes les pressions possibles, de la plus légère, comme une plume, à la plus dure, en pinçant. Déterminez ce que vous aimez, et où vous aimez cela. Vous pouvez consacrer seulement cinq minutes à cette exploration, ou bien davantage. C'est vous qui décidez. Et, surtout, n'oubliez pas d'utiliser votre miroir à main pour observer votre Chatte changer quand vous lui faites du bien. Quand vous vous touchez, souvenez-vous que votre but est de tout simplement créer une sensation agréable et de la faire dure le plus longtemps possible.

Le clitoris a pour seule fonction de donner du plaisir. Il n'a rien à voir dans le processus de reproduction. Après tout, les femmes peuvent tomber enceinte sans éprouver d'orgasme. En fait, la majorité des femmes ont des relations sexuelles sans connaître d'orgasme, parce que le pénis n'entre généralement pas en contact avec le clitoris pendant l'acte.

Comparé au clitoris, le pénis est un outil multifonctionnel. Vous savez, le pénis éjacule, il urine, et le plaisir qu'il procure n'est transmis que par quatre mille terminaisons nerveuses, moitié moins que celles du clitoris. Le fait que le clitoris n'ait d'autre fonction que le plaisir est la raison pour laquelle cet organe a été exclu des ouvrages d'anatomie jusqu'à très récemment. Chaque clitoris, bien que très différent de tous les autres, a tout de même énormément en commun avec tous les autres clitoris de nos sœurs. Par exemple, il ne tombe jamais malade. Il ne s'atrophie jamais. Peu importe sa taille et sa forme, chaque merveilleux clitoris a la capacité de connaître un nombre d'orgasmes illimité, quand on l'allume comme il faut et qu'on lui donne les bonnes indications. Si vous comprenez et aimez le clitoris, vous comprendrez et saurez aimer les femmes.

Le clitoris et sa raison d'être spéciale – le plaisir – fait une bonne métaphore pour les sœurs déesses. Cet organe du plaisir que nous, les femmes, avons, veut exactement ce que nous, les femmes, voulons – de l'attention, de l'attention, et encore de l'attention. Le clitoris veut être touché exactement comme il l'aime, ce qui implique généralement d'y mettre moitié moins de pression que ne le font les hommes. Il faut dire que la plupart des hommes apprennent à donner du plaisir en se basant sur leur propre corps (ce qui est tout à fait normal); cependant, leur zone corporelle du plaisir ne comporte que moitié moins de terminaisons nerveuses que nous en avons, nous, les femmes.

Ce sont aussi nos partenaires masculins qui nous ont appris le plaisir, et bon nombre d'entre nous nous en sommes tenues à ce que nous avons connu avec eux. Cependant, quand un homme peut vivre un moment bref d'extase orgasmique, une femme peut avoir des orgasmes pendant des heures. Il est un revolver, mais elle est une arme semi-automatique. Mais ce n'est pas parce que les femmes sont capables de ressentir l'extase sexuelle pendant une longue durée de temps que chacune d'entre elle connaît ce plaisir. En fait, la plupart des femmes ne connaissent pas leur plein potentiel sexuel.

Comme les femmes apprennent à faire des compromis avant même d'apprendre à jouir, peu de femmes ont déjà ressenti leur véritable plaisir sexuel exploser comme un volcan, ou les submerger, vague après vague après vague. Quand une femme jouit comme le fait un homme – d'un coup, comme on éternue – elle limite son expérience de sensations, alors qu'elle pourrait en goûter une immense diversité grâce à sa physiologie si unique. La sexualité des hommes est dirigée vers l'atteinte d'un but, plutôt qu'alimentée par le plaisir en lui-même. Les femmes ont besoin d'aborder ce royaume sinueux, extensible et palpitant de l'orgasme féminin, et y apprendre à jouir comme seule une femme peut le faire – voilà une expérience à ne pas manquer ! Ce dont les femmes ont besoin, c'est du manuel d'utilisation pour leur propre équipement sexuel.

Le manuel d'utilisation du clitoris donne les instructions suivantes : « Apprenez à me connaître. Observez, écoutez, explorez, appréciez, investiguez. Si vous aimez ce que moi, le clitoris, vous fais ressentir, je vais vous faire ressentir toujours davantage, et davantage, et davantage encore. » Quand une femme suit ces règles simples, elle apprend rapidement que le clitoris ne peut pas fonctionner quand il est fâché, ou gêné, ou alors quand il a peur. Il ne faut ni le forcer, ni le maltraiter. Quand on essaie de le bousculer pour le faire accélérer, il ne coopère pas. Si vous dénigrez l'intensité du plaisir qu'il vous donne, il vous en fait ressentir de moins en moins. Quelles sont donc les conditions optimales pour que le clitoris s'épanouisse ? Le mieux est que la femme fonctionne à plein régime, gorgée, comblée de vie et d'enthousiasme, qu'elle soit capable de communiquer totalement et absolument, capable de dire « Arrête » et « Encore ! », ou n'importe quoi d'autre, sans hésitation.

Comme quand on fait voler un cerf-volant ou qu'on joue d'un instrument, faites-le aussi longtemps que cela vous fait plaisir. Puis arrêtez. Et faites-le de nouveau, à un moment donné, peu de temps après. Je recommande un régime plutôt soutenu de plaisir intime avec soi-même. Les femmes sont splendides quand elles mettent toute leur énergie dans la poursuite de leur plaisir. Cela permet de libérer les tensions et cela met de bonne humeur. De plus, si vous continuez à porter attention à votre corps et à ses changements constants, vous découvrirez des sensations merveilleuses, et pourrez enseigner à un partenaire comment vous les procurer.

∞

Laissez-moi vous raconter un récit inspirant. C'est l'histoire d'une des sœurs déesses les plus dures à cuire que Mama ait jamais rencontrées. Un jour est arrivée Mattie Diamond, analyste financière à Wall Street. Mama a vu immédiatement que sous l'uniforme conformiste et conservateur de cette diva se cachait une femme sauvage et extravagante. L'héroïne de Mattie était Madonna, et, une fois de temps en temps, elle piquait une colère de diva et devenait alors SD Madonna, son alter ego. En fait, SD Madonna était un adorable croisement entre une Diane Keaton une peu toquée et Linda Blair juste avant son exorcisme. Elle ne vivait que pour les ragots et est donc devenue la chroniqueuse en commérage du réseau des sœurs déesses. Elle écrivait une chronique mensuelle pour notre site Internet. Afin d'habiter pleinement son nouveau rôle de célébrité chroniqueuse, elle a changé de nom pour se faire appeler sœur déesse Prada Madonna, ou SPM. (Ce nom combinait de façon fort heureuse les deux passions de Mattie : le magasinage et le show business.)

Bref, revenons à notre histoire. Parfois, des sœurs déesses s'inscrivent aux cours et les apprécient, mais ne font pas vraiment leurs devoirs du soir. Les cours sont divertissants en eux-mêmes, même si on se contente de rester assise dans les gradins et de regarder les autres femmes devenir des déesses. Donc, SD Mattie a passé ses premiers cours à l'École de Mama assise dans les gradins. Mattie voulait bien aller acheter du nouveau maquillage, mais elle n'était pas prête à s'occuper de sa Chatte. Elle a donc laissé de côté cette partie des exercices. Sur le plan intellectuel, Mattie ne parvenait pas à s'expliquer pourquoi se faire du bien sensuellement pouvait être important. Pour elle, ce n'était tout simplement pas logique. Après tout, Mattie était analyste financière depuis des années. Pour qu'elle décide de faire quelque chose, cela *devait* être pour une raison logique. Donc, pendant des années, SD Mattie est restée là, à regarder d'autres SD atteindre les étoiles, alors qu'elle restait à la traîne, un peu amère, les pieds toujours sur le plancher des vaches, à être témoin de leurs envolées phénoménales.

Un jour, mes déesses et moi-même avons imaginé le concept des «guides d'esclaves». Ces guides étaient des SD qui faisaient de grand progrès, avançant par bonds vers leurs rêves, et qui avaient accepté de s'occuper et aider tout particulièrement des traînardes. SD Mattie, la plus à la traîne des traînardes, est tombée sur SD Justine, qui faisait d'incroyables progrès. Justine s'est mise à appeler Mattie chaque jour. Justine s'informait, et elle cajolait et menaçait son élève. Elle a réussi à convaincre Mattie de se toucher, de se toucher la Chatte pour la première fois. La toute première fois de sa vie.

Pendant la première semaine sous la tutelle de Justine, Mattie s'est fait plaisir trois fois et, miraculeusement, s'est vu offrir trois emplois et proposer un rendez-vous. La deuxième semaine, Mattie s'est surpassée et s'est fait du bien quatre fois. L'homme avec qui elle avait eu rendez-vous l'a invitée à aller passer la fin de semaine à Paris. Mattie avait le vent en poupe et elle adorait cela.

Le plus incroyable, c'est que j'ai rencontré SD Mattie par hasard alors que j'étais en train de rédiger ce chapitre. Elle m'a raconté qu'elle sortait maintenant avec un gars qu'elle connaissait depuis dix ans, un Italien sexy qui vit dans son immeuble, et qu'elle était folle de lui ! Mattie m'a aussi dit que, la semaine précédente, elle avait accepté d'aller à un rendez-vous arrangé, qui s'était merveilleusement bien passé et qui avait duré sept heures ! Et, oui, Mattie, ma nouvelle étoile filante, continue de sortir avec le gars qui l'avait invitée à Paris. Elle m'a raconté qu'elle continuait de se faire du bien elle-même – en fait, elle l'avait fait trois fois cette semaine-là. Elle continue d'affirmer que la masturbation n'a aucune logique, d'après elle. Mais il est indéniable que cela la rend joyeuse. Ce voyage sensuel dans lequel elle s'est lancée a même amélioré la qualité de sa chronique de commérage. Les écrits de Mattie sont encore plus amusants. Comme elle est maintenant en train de se rendre heureuse, elle sait taquiner gentiment les gens.

SD Emily, qui est actrice, est elle aussi à la conquête de son bonheur. Mais, quand elle est arrivée dans mes cours pour la première fois, Emily ne s'amusait clairement pas. Elle passait beaucoup d'auditions, mais avait bien du mal à obtenir les rôles qu'elle voulait. Emily venait d'un milieu très conservateur et puritain. Elle n'avait jamais ni regardé ni touché sa Chatte. Son entrejambe ne se rappelait à son souvenir que lorsqu'un petit ami la touchait. SD Emily a décidé de partir à l'exploration de son plaisir – pour en faire un outil professionnel. Elle se disait que maîtriser sa sensualité pourrait l'aider dans sa carrière.

Ainsi, Emily a décidé de se faire du bien chaque jour. Devinez ce qui s'est passé. Elle est allée passer une autre audition, et, cette fois, le réalisateur l'a tellement aimée qu'il a envisagé de modifier le script pour qu'elle puisse jouer le rôle (qui était à l'origine celui d'une femme qui aurait eu dix ans de plus qu'Emily). Il n'a finalement pas pu faire cela. Mais le plus intéressant, dans cette histoire, c'est qu'Emily, au lieu de se sentir déprimée une fois de plus de n'avoir pu obtenir le rôle, était aux anges ! Cette sœur déesse était extrêmement fière de s'être rendue si loin dans le processus d'audition et que le réalisateur l'ait tant aimée.

Après cette expérience, Emily a remarqué que son humeur et sa capacité à faire face aux aléas de la vie avaient complètement changé. Cette sœur déesse en herbe sait maintenant voir bien plus rapidement qu'auparavant le positif dans n'importe quelle situation. Elle avait désormais une attitude globale bien plus joyeuse, bien plus confiante. Elle avait repris le contrôle de sa vie rien qu'en prenant le contrôle de son plaisir et en assumant la responsabilité de se faire personnellement du bien.

Juste après, Emily a réussi une audition et a obtenu le rôle principal dans un film. Le rôle de sa vie ! SD Emily sait qu'elle s'est elle-même créé cette grande opportunité en prenant les rênes de son plaisir.

La morale de toutes ces histoires sur l'extase atteinte ou non est que tout dépend de l'importance qu'on accorde au plaisir sexuel. Quand on se convainc qu'une vie médiocre nous suffit, nous perdons notre chance d'atteindre l'extase. Je sais bien que, parfois, cela semble plus simple d'être conformiste et de faire des compromis, au lieu d'assumer la responsabilité de se faire soi-même plaisir. La plupart d'entre nous avons déjà fait cela. Cependant, quand on reconnaît l'existence de ses désirs et qu'on leur fait confiance, ils nous mènent dans la bonne direction. Et la quête de la connaissance de soi-même n'est pas achevée tant qu'on ne connaît pas notre sensualité, tant qu'elle ne nous habite pas. Voilà la vérité, aussi difficile soit-il pour vous que de l'admettre ou de la suivre. Mais ne culpabilisez pas trop si vous avez résisté à votre propre plaisir ou si vous avez l'impression de ne pas réussir à le réinvestir. Dans ce domaine, vous ne recevez pas souvent d'aide, mais vous pouvez vous détendre un peu, maintenant, parce que Mama est là pour vous !

Nous sommes souvent si seules sur la route du plaisir solitaire. C'est complètement délirant. Notre culture nous pousse à savoir faire tant de chose : lire, écrire, compter, utiliser un ordinateur, mener une carrière, élever des enfants. Nous pouvons en apprendre davantage sur tant de choses grâce à des livres de cuisine, des écoles de dressage pour les chiens, des formations en dégustation de vin, des cours de poterie, de danse classique, de musique, des entraîneurs privés dans les salles de sport... Nous sommes accros aux informations. Cela ne vous viendrait pas à l'idée de donner les clés de votre auto à votre adolescent de seize ans sans qu'il ait pris de cours de conduite. Nous exigeons du plombier qu'il détienne une licence, de l'enseignant qu'il soit diplômé. Le seul domaine dans lequel nous favorisons et encourageons l'ignorance, c'est celui de la sensualité et du plaisir.

Quand j'étais enfant, ma mère m'a bien parlé des menstruations, mais elle n'a jamais mentionné le fait que nous avions toutes deux un clitoris. Elle m'a mise en garde contre les garçons et m'a expliqué ce qu'ils pourraient me vouloir, mais elle ne m'a jamais enseigné comment apprécier un baiser. Je sais que ma mère avait pourtant une longueur d'avance sur sa propre mère, en me donnant ces informations. Elle m'en avait appris très peu, mais elle-même avait reçu encore moins de renseignements quand elle était petite.

Nous, les femmes, apprenons à nous sentir très honteuse de notre sensualité. La sensualité et le plaisir sont des sujets dont la plupart des femmes ne parlent pas et qui les mettent mal à l'aise. Et si ce qui est présentement notre plus grande honte devenait notre plus grande source de fierté et de joie? Avant de rejeter votre côté sensuel, ou de refuser de l'explorer parce que vous vous sentez trop mal à l'aise, réfléchissez de nouveau à ce que je vous ai dit un peu plus tôt, au sujet de cette Maserati qui vous serait offerte. Pourquoi ne pas au moins envisager d'aller faire un petit tour pour l'essayer? Vous avez les clés dans la main. Est-ce que cela vaut la peine de faire cette expérience? Je vous invite à vous jeter à l'eau.

Mama a des exercices à vous faire accomplir, qui augmenteront l'amour que vous vous portez, votre gratitude envers votre corps et l'adoration que vous vouez à ses merveilles. Vous ne pouvez pas aider une personne à s'aimer elle-même si vous, sexy demoiselle, n'avez pas déjà passé cette étape. Comme l'a dit Gandhi, « *Soyez* le changement que vous voulez voir dans le monde. » Selon moi, la puissance d'une femme est ancrée dans le rapport qu'elle entretient avec sa nature érotique. Des médias de masse, surchargés de représentations de ce à quoi devrait ressembler notre corps, à l'attitude extrêmement ambivalente envers la sexualité, ce n'est pas facile pour les femmes d'accepter leur corps, de l'aimer et d'apprécier les sensations qu'il leur donne. Pourtant, notre appréciation de la vie est à la mesure de notre acceptation de la sensualité. Quand nous nous connaissons et nous aimons nous-même de façon absolue et intime, physiquement, émotionnellement, spirituellement et sensuellement, nous partons avec une longueur d'avance. Nous maîtrisons davantage la situation. Quand on vous a habituée à vous ignorer vous-même, des détails cruciaux vous échappent. Lancez-vous dans les exercices suivants, apprenez à vous connaître !

Exercice 1 : *Comme une artiste*

Rassemblez de la pâte à modeler, de la colle à paillettes, de la peinture, des crayons de couleur, des marqueurs et des crayons à mine de plomb, et retrouvez votre âme d'artiste, comme à l'époque des sessions de bricolage, en maternelle. La seule différence est que, cette fois, votre sujet est votre propre vulve. Faites-en une peinture, une sculpture, un croquis, un dessin... Vous pouvez choisir une approche symbolique, en la dessinant sous la forme d'une fleur ou d'une flamme, par exemple, ou très réaliste, en en représentant tous les détails. (N'oubliez pas le clitoris, il saura vous le rendre !) Vous obtiendrez des points supplémentaires si vous accrochez votre œuvre d'art au mur. Nul doute qu'il saura provoquer des conservations ! Ce devoir va vous permettre d'entrer en contact avec la source de votre puissance, et de la célébrer.

Exercice 2 : *Le grand nettoyage de printemps*

Vous vous rappelez cet exercice de la leçon 2 ? Faites-le de nouveau, exactement de la même façon, mais en prenant pour sujet « la sensualité ». Vous posez donc la question : « Qu'as-tu à dire sur la sensualité ? » Faites cela pendant vingt minutes, seule, ou bien avec une amie ou un groupe d'amies.

Exercice 3 : *Le guide d'utilisation*

Procurez-vous, en librairie ou en bibliothèque, un exemplaire du livre *L'orgasme sensuel extrême* de Vera et Steve Bodansky (Éd. Tabou, Paris, 2007). Ces auteurs vont vous entraîner dans un rigoureux voyage scientifique et enrichissant au pays du plaisir. Vous apprendrez à nommer chaque partie de votre vulve, comprendrez ce qu'elle peut vous procurer, et découvrirez comment obtenir le plus grand plaisir possible, toute seule ou avec un partenaire. C'est une lecture essentielle pour toute personne réellement intéressée par la sensualité !

Exercice 4 : *Miroir, joli miroir*

Bon, ma chère apprentie sœur déesse, j'ai gardé le meilleur pour la fin. L'étape la plus importante à passer pour devenir une sœur déesse consiste à conquérir votre entrejambe.

Cependant, avant de commencer votre exploration, vous devez porter une attention minutieuse à votre santé. Vous ne serez pas en mesure d'apprécier quoi que ce soit si vous avez des inquiétudes au sujet de votre bien-être et que vous ne les dissipez pas. Prenez donc enfin ce rendez-vous avec votre gynécologue. Agissez de façon responsable et faites le nécessaire pour vous sentir le mieux possible. Quand une femme n'est plus certaine de l'adéquate perfection de sa vulve, de sa nature fondamentale, elle ne parvient plus à reconnaître, ressentir et suivre ses désirs.

Comment pouvez-vous donc conquérir cette région, ce terrain, ce splendide paysage qu'on peut à peine admirer ? Comment allez-vous savoir ce qu'est le véritable désir ? À l'aide d'un petit miroir à main, ma chère. Allongez-vous dans un endroit bien éclairé, puis écartez les jambes. Voici quelques unes des réactions que vous aurez peut-être au cours de votre investigation :

- Vous êtes dégoûtée – c'est une réaction courante. Combien d'entre nous regardent régulièrement « là, en bas » ? Les couleurs peuvent vous choquer. Les poils vous surprendront peut-être. Si vous êtes dégoûtée, vous n'êtes pas prête de devenir une sœur déesse. Les sœurs déesses ADORENT et VÉNÈRENT leur entrejambe. Elles sont d'avis que Courbet avait raison quand il a intitulé sa toile L'Origine du monde. Que faire, alors ? Adoptez une démarche scientifique. Observez. Ne jugez pas. Restez là, en compagnie de votre Chatte, regardez-la, touchez-la. Abstenez-vous de développer des opinions tranchées et d'atteindre des conclusions hâtives. Vous finirez par vous mettre à l'apprécier de plus en plus.

- Vous ne ressentez que de l'indifférence. Pas de problème. Vous êtes seulement trop peu sensible à votre propre grandeur, à votre puissance. C'est sans doute parce que vous avez un immense potentiel. Une femme, qui travaille maintenant avec Mama, ne sentait rien entre ses jambes quand elle se touchait. Elle trouvait toute cette région plutôt laide. Elle aurait bien abandonné complètement ses cours, si elle n'avait pas été témoin des résultats incroyables qu'obtenaient les femmes quand elles tombaient amoureuses d'elles-mêmes. Mama lui a fait observer des Chattes dans des tableaux. Son jugement est devenu de plus en plus positif, à tel point qu'elle a laissé l'homme qui ne couchait avec elle que pour sa propre satisfaction, et qu'elle a commencé à sortir avec un gars qui voulait vraiment lui donner du plaisir.

• Vous aimez ce que vous voyez. Oh, vous êtes alors très, très près d'être une sœur déesse ! Il ne vous reste plus qu'à l'aimer encore davantage. Quand sœur déesse Diane, représentante pour un atelier de haute couture, est arrivée en classe, elle aimait déjà se faire du bien régulièrement et savait vraiment apprécier son corps. En s'autorisant à tomber toujours plus amoureuse de son entrejambe, elle a découvert qu'elle était encore plus en harmonie avec elle-même. Tandis que ce processus se déroulait, alors qu'elle prenait conscience de ses véritables désirs, elle a remarqué qu'il y avait un lien entre son auto-approbation et les expériences qu'elle vivait. Elle respirait la confiance. Auparavant, son total de ventes mensuelles était d'environ cinq mille dollars. Ce nombre est passé à quinze mille dollars, puis à vingt mille. Elle voulait rencontrer le designer d'une autre compagnie, et, au courant de la semaine, c'est lui qui l'a appelée et lui a organisé un voyage en Europe, afin qu'elle devienne également sa représentante. Coïncidence ? Peut-être... Mais Mama appelle plutôt cela le pouvoir du désir, ou encore le pouvoir de la Chatte. Plus vous charmez et appréciez votre Chatte, mieux elle vous le rend.

Exercice 5 : *Dans les couvertures*

Explorez les idées d'autres courageuses SD parties à la recherche du plaisir. Plongez-vous dans des œuvres telles que *Les Monologues du vagin*, d'Eve Ensler (Éd. Denoël, Paris, 2005). De divertissants et touchants récits de solidarité féminine, racontés par des vagins. Cet ouvrage se lit en à peine une heure, et il vous fera aimer votre entrejambe encore davantage, ou encore *Femme* ! *De la biologie à la psychologie, la féminité dans tous ses états,* de Natalie Angier (Éd. Robert Laffont, Paris, 2000). En lisant ce livre, vous pourrez vous délecter de la gloire, la puissance et la beauté de la femme. Vous ne pourrez qu'être émue et ravie par la prose élégante de l'auteure.

∾

Avoir accès à votre Chatte signifie que vous avez accès à votre propre force vitale, c'est votre liberté en tant que femme et en tant qu'être humain. Que faire de tout ce nouveau pouvoir débridé? Si vous vous en serviez dans un tout nouveau jeu... l'art du flirt? Pour découvrir les règles de ce jeu, plongeons-nous dans la prochaine leçon. Je vous promets que cette nouvelle façon de vous amuser, forte de votre puissance, va vous enchanter!

Leçon 5

L'art féminin du flirt

Chérie, elles ne sont pas si belles que cela, mes jambes,
je sais simplement m'en servir.
MARLENE DIETRICH

La leçon d'aujourd'hui porte sur le flirt. Une femme qui flirte est une femme dans toute sa splendeur, dans toute sa gloire. Les femmes sont nées pour flirter, destinées à flirter. Ma fille a commencé à flirter quand elle était encore tout bébé, dès qu'elle a pris conscience des gens qui l'entouraient. Personne, sauf peut-être sa mère, ne peut enjôler le père de ma fille aussi bien qu'elle.

Le flirt est aussi un art. Flirter allège l'humeur. C'est la façon la plus rapide de se sortir du pétrin – on peut mettre fin aux disputes, faire disparaître les contraventions, obtenir une table dans un restaurant bondé. Le flirt adoucit la communication. Il vous permet d'obtenir tout en douceur ce que vous désirez.

Le flirt permet aux femmes d'accéder à la force vitale. C'est une façon simple et amusante d'utiliser sa pleine puissance, d'obtenir ce qu'on veut des gens, de réussir à vivre la vie la plus enrichissante et la plus agréable possible, et la plus remplie de spontanéité. Une femme qui flirte peut changer n'importe quel *non* en *oui*. Son enthousiasme peut séduire le monde entier. Investie de toute sa gloire, elle est belle, elle s'amuse, elle se sent puissante. Elle devine ce qui est bon pour elle et pour les autres, elle fait confiance à ses instincts. Elle n'a pas besoin d'homme, ni de qui que ce soit, d'ailleurs, et elle apprécie la compagnie de tous ceux qui l'entourent. Elle exige le meilleur d'elle-même tout comme des autres, sachant que non seulement elle peut obtenir satisfaction, mais que c'est son droit de naissance que de l'obtenir. Ne voyez-vous pas l'immensité de vos talents?

Flirter est une activité qui implique le corps entier. Une femme flirte de tout son être, du bout des orteils jusqu'au sommet de la tête, en passant par tout ce qui se trouve entre les deux. Elle se sent bien, et tous ceux qui l'entourent également. Pensez à Mae West, ou au sourire de Julia Roberts. Chaque femme a sa propre façon de flirter bien à elle, inimitable. Elle utilise la façon qui lui convient pour exprimer son assentiment. Certaines femmes penchent la tête, d'autres sont plus directes et regardent les autres dans les yeux, d'autres encore regardent ailleurs. Le *comment* n'a pas d'importance. Vous allez développer votre propre merveilleux style de flirt. Pour flirter, vous devez vous aimer vous-même et apprécier le monde qui vous entoure; ensuite, vous choisissez quelqu'un et vous vous concentrez sur cette personne, en y mettant toute votre énergie. Vous ne pouvez pas flirter seulement à moitié. Si vous faites semblant, vous ressemblerez un peu à la reine qui reçoit ses sujets. Votre attention doit être dirigée vers la personne à qui vous parlez, pas sur vous-même. Si vous accordez votre attention à l'autre personne, vous pourrez alors l'hypnotiser. C'est une condition à la réalisation de vos désirs. Si vous connaissez la position d'une personne, vous pouvez l'entraîner dans votre vision.

Quand un nouveau cours pour déesses commence dans mon école, le tout premier soir, personne n'est d'humeur à flirter à part moi-même et ma troupe d'assistantes. Ce soir-là, mes déesses ont peur, elles doutent d'elles-mêmes, se font du souci à l'idée d'avoir perdu la tête pour s'être ins-crites à ce genre de cours. Le doute est un grand ennemi du flirt. Or, j'ai remarqué que la plupart des femmes vivent presque en permanence dans le doute.

Pourtant, les femmes sont toujours la source du flirt. Aucun homme ne peut s'envoyer en l'air si, d'une façon ou d'une autre, la femme ne lui a pas fait signe, ne l'a pas invité à s'approcher. (Bien sûr, j'exclus le viol. Le viol est un acte violent, pas une rencontre sensuelle.) Nous, les femmes, avons toutes les cartes en main. Nous contrôlons le jeu. Nous sommes les chasseuses, pas le gibier, même si nous donnons l'impression du contraire.

Vous savez comment cela fonctionne. Vous voyez un gars attirant dans un bar. Vous vous dites : « Hum… vraiment mignon. » Il ressent ce que vous êtes en train de penser, le fait que vous voudriez quelque chose de lui. Dans la minute, il s'approche de vous. « Puis-je vous offrir un verre ? » vous demande-t-il. Et vous le laissez croire que c'est lui qui a eu cette idée. Dans le jeu qui se joue entre les hommes et les femmes, les femmes font la donne, les hommes jouent en-suite avec la main qu'ils ont reçue. Nous, les femmes, avons la capacité de lancer les convocations – d'inviter selon nos désirs. Le flirt provoque une réponse physique.

Peut-être êtes-vous en train de vous dire : « Comment se-rait-ce possible ? Cela semble un peu trop simple, trop beau pour être vrai. » Eh bien, ma sceptique beauté, pour vérifier si je vous dis la vérité, il vous suffit de vous pencher sur le meilleur ami de l'homme. Effectivement, le chien peut nous en apprendre beaucoup sur ce mécanisme. Pensez à Fido, le vieux chien de quinze ans aux poils gris, qui passe ses journées et ses nuits à dormir sous le porche, jusqu'à ce que Princesse, le caniche d'à côté, soit en chaleur. Alors, tout à coup, Fido s'active en battant de la queue. Il se lance, tout excité, aboie, court, bondit, tout cela pour les beaux yeux de Princesse. Ses maîtres, éberlués, ne l'ont pas vu courir ainsi depuis des années. Et, quand Princesse n'est plus en chaleur, Fido retourne ronfler sous le porche. Remarquez que Fido n'a pas besoin d'assouvir son désir pour Princesse pour ressentir cette explosion d'énergie. Il lui suffit de se trouver à proximité de Princesse quand elle se sent infiniment femelle, créatrice, quand elle est le plus elle-même.

Les êtres humains ne sont pas si différents. Les humains peuvent créer l'excitation uniquement en pensant à ce qui les excite. Aucun autre mammifère n'est capable de faire cela. Vous savez comment cela fonctionne : quand vous vous préparez pour un rendez-vous galant, vous passez des heures à vous préparer et à vous pomponner, et, quand vous arrivez enfin au restaurant avec celui avec qui vous sortez, vous êtes si excitée que vous n'avez plus très faim. Quand vous allez commencer à progresser, vous comprendrez que vous pouvez utiliser à tout moment cette puissance que vous procure le flirt. Et, croyez-moi, quand vous faites cela, les gens le remarquent. Eux aussi ressentent les effets de votre charme.

Malheureusement, certaines femmes sont perturbées par le pouvoir de leurs attraits, ou le trouvent même indésirable. Les femmes ont tendance à ne pas utiliser leurs charmes, et ce pour de bonnes raisons. Tout d'abord, pour le fait qu'elles ressentent certaines obligations : «Si un homme me trouve attirante, il va me demander si je veux sortir avec lui, et il faudra bien que je lui dise *oui*, pour ne pas le blesser. » Ou bien : « Peut-être que personne d'autre ne va vouloir de moi… Je devrais donc accepter de sortir avec cet homme-ci. Au moins, je l'aurai, lui. » Pouah ! Ce n'est pas bien amusant. Il y a aussi le raisonnement suivant : « S'il me trouve attirante, je pense qu'il faut que je couche avec lui. » Pouah, et encore pouah ! N'oublions pas non plus cette affreuse réflexion : « Si je l'excite et qu'il se met à agir de façon inappropriée, ce sera peut-être ma faute. » Pouah trois fois. On nous élève dans l'idée que nos charmes personnels sont pour le seul bénéfice des hommes, et non pour nos propres plaisir et amusement. Nous grandissons en nous faisant dire que notre côté sexy est déplacé ou mauvais, qu'il ne fait pas partie de notre essence, de notre nature. Alors nous assimilons ce message, et quand nous nous retrouvons ensevelies sous le travail, sous trop de pression, trop de stress et d'obligation, nous fermons nos usines de flirt. Fort heureusement, nous pouvons nous reprogrammer, afin de pouvoir concentrer notre énergie sur notre divertissement, notre amusement, notre épanouissement. Ce qu'il faut savoir, c'est qu'on ne peut pas faire semblant de s'amuser et être convaincante chaque fois. Par contre, quand on inclut réellement de l'amusement dans la vie qu'on se crée, cela se voit, parce que, alors, on rayonne.

Une de mes anciennes SD, Clarissa, qui était directrice de publicité, avait complètement éliminé le flirt de sa vie. Elle militait pour sa conviction que le flirt n'existait pas pour elle, et n'existerait plus jamais. Clarissa pensait qu'il lui fallait être sérieuse si elle voulait avoir le contrôle de sa vie professionnelle et avancer dans sa carrière. Bien sûr, à cause de cela, elle ne contrôlait plus rien. Elle suivait une thérapie, prenait du Prozac. Elle n'était capable de se détendre que si elle prenait un verre et elle s'empêchait obstinément d'accepter des rendez-vous avec des hommes. Je sais que de nombreuses autres femmes ont décidé, tout comme Clarissa, d'étouffer des pans entiers de leur personnalité, mais je tiens à vous dire qu'éliminer totalement le flirt de votre vie non seulement vous force à vivre avec cette répression, mais est même carrément nuisible. Ce serait comme de couper les ailes d'un oiseau et de lui demander de voler.

Comment pouvez-vous donc déterminer à quel point le flirt joue un rôle dans votre vie, en ce moment ? Eh bien, demandez-vous combien vous êtes heureuse, sur une échelle de un à dix. Si vous êtes déprimée, si vous n'êtes pas sûre que vous pouvez faire tourner toutes les têtes en franchissant la porte d'un restaurant, si vous ne pensez pas que vous pourriez éviter de recevoir une amende en flirtant avec l'agent de police, alors vous vous contentez de moins que ce que vous méritez en tant que femme. Peu importe votre apparence ou votre âge, simplement parce que vous êtes née femme, vous possédez tout ce qu'il faut pour obtenir tout ce que vous désirez dans toutes les sphères de votre vie. Pour être réellement heureuse, une femme doit pouvoir faire ce qu'elle veut absolument partout – de la salle de conférence à la chambre à coucher.

Pour que cela change, mes beautés, il suffit de changer de mentalité. Parce que vous avez le pouvoir de contrôler les situations.

Le problème est que nous ne manipulons généralement notre panneau de commande que lorsque nous nous trouvons en présence de celui qui est l'objet de nos désirs. Pourtant, nous pourrions utiliser ces manettes de réglage bien plus souvent. Nous gagnerions toutes à baisser ou monter un peu les curseurs, à apprendre à bien connaître les différents réglages, et à les utiliser quotidiennement, qu'un nouveau partenaire soit ou non dans les parages.

Le flirt est une chose que vous, en tant que femme, contrôlez et que vous pouvez utiliser n'importe où, n'importe quand. Quand vous allez au restaurant avec un groupe d'amis, vous avez le pouvoir de faire tourner les têtes de tous ceux qui s'y trouvent quand vous passez la porte. L'impression que vous faites sur ceux qui se trouvent dans la salle n'a rien à voir avec le fait d'être jolie. Elle n'a rien à voir avec l'âge. Cette impression dépend de l'estime que vous avez pour vous-même et, par conséquent, de la bonne opinion que vous avez des autres gens qui gravitent dans votre univers. Si vous appréciez votre propre sensualité, vous faites dans le même temps remarquer aux autres à quel point vous êtes merveilleuse. Le flirt consiste simplement à s'aimer soi-même fougueusement, en s'autorisant à ressentir cet amour dans tout notre être et à le laisser inonder les autres.

C'est une énergie qu'on peut choisir de dégager avec plus ou moins d'intensité, un peu comme une ampoule contrôlée par un gradateur. Quand on marche dans une rue déserte ou qu'on prend le bus tard le soir, par exemple, on fait baisser l'intensité le plus possible, pour qu'elle soit si faible qu'on en devient presque invisible. On atténue notre enthousiasme et on l'intériorise.

Un jour, je suis allée voir un ami qui donnait un spectacle solo, et je suis allée le retrouver dans les coulisses. Bette Midler et son mari s'y trouvaient aussi, tout comme d'autres admirateurs. Bette avait éteint son courant. Personne ne la remarquait. Elle était invisible. Au moment où la star, notre ami, est arrivée, elle s'est soudain animée et est devenue cette éblouissante et adorable Bette que l'on connaît. On a alors vu les visages des gens s'éclairer tout à coup les uns après les autres, dès qu'ils la reconnaissaient. Après avoir salué notre ami, elle est redevenue invisible et est partie. Vous avez toutes ce genre de contrôle sur le magnétisme que vous exercez sur les autres. Entraînez-vous, mesurez votre charme.

Ce qu'il faut savoir, c'est que le flirt est une question d'amusement. Il s'agit de vous amuser davantage. Votre but doit être de vous distraire, ce qui allège naturellement l'ambiance, au profit de tous et chacun. Un bon moment de flirt est bénéfique pour tout le monde. Le flirt est un cadeau qui laisse celui qui l'offre revigoré et enrichit celui qui le reçoit.

Evelyn, une SD de Long Island dans la cinquantaine et en attente du jugement de son divorce, avait complètement oublié qu'elle pouvait flirter. Son talent de flirt était enseveli sous des décennies d'amère frustration. D'aussi loin qu'elle se souvenait, SD Evelyn en avait toujours voulu à son mari. Tout comme le doute, la colère est un ennemi du flirt, et c'était principalement elle qui payait le prix de cette colère interminable. Evelyn s'était oubliée elle-même, elle avait oublié des pans entiers de sa personnalité – vous savez, ses côtés mignon, adorable, énergique, puissant, savoureux. Quand j'ai rencontré Evelyn, elle avait le teint blafard et semblait asexuée. Quand je lui demandé ce qui se trouvait dans son tiroir de sous-vêtements, elle m'a répondu qu'il était plein de culottes en coton usées. Elle portait des vêtements fonctionnels et conventionnels. Elle ne savait plus vraiment ce qu'était la joie de vivre. Mais Evelyn a appliqué les techniques que lui avait enseignées Mama et elle a transformé son univers terne en un monde étincelant. Elle a fait de ses corvées des grands moments d'amusement !

Un des exercices qui a complètement bouleversé le monde d'Evelyn est celui appelé « la Chatte et la Queue ».

Oui, pour que nos SD s'exercent à l'art du flirt, nous leur donnons un devoir à faire, un exercice que nous appelons affectueusement « la Chatte et la Queue ». Chaque SD doit se rendre dans un magasin, un bureau, un stationnement et, uniquement pour s'amuser, doit flirter. Vous savez déjà le faire. C'est très facile. Vous regardez simplement votre épicier et vous vous laissez penser à des choses agréables et délectables mettant en scène votre corps, et peut-être même son corps à lui. Vous pouvez laisser vos pensées dériver n'importe où, tant qu'elles vous font vous sentir bien. Votre épicier ne saura pas exactement ce que vous êtes en train de faire, mais il se sentira attiré par vous comme par un aimant. Il appréciera l'attention que vous lui porterez et aura l'impression que vous avez remarqué ses plus belles qualités. Comme par magie, il s'empressera de vous donner ce que voulez, et il se surpassera même pour le faire.

Evelyn a donc commencé à faire l'exercice de « la Chatte et la Queue », et il ne lui a pas fallu longtemps pour s'animer. Elle a vite dompté son épicier. Maintenant, quand elle passe la porte, il lui tend son café, préparé exactement comme elle l'aime, peu importe combien de clients attendaient avant elle. En fait, Evelyn a tellement apprécié que son épicier réagisse avec autant d'enthousiasme qu'elle s'est secrètement mise à appliquer cette nouvelle technique quand elle est au travail. Elle a dit bonjour à Tony, le concierge, avec un grand sourire, tout en pensant à des choses qui créaient des sensations agréables dans son entrejambe. Il en a été extrêmement touché. Evelyn a continué à traiter Tony très chaleureusement, car elle s'est rendu compte qu'elle avait aimé faire cela. La semaine suivante, quand il est venu travailler, il portait un faux toupet. Il était tout guilleret et avait un petit air coquin. SD Evelyn a bien aimé sa nouvelle allure. Le lendemain, il a apporté une boîte de beignes et en a fait choisir un à Evelyn en premier. Coïncidence ? Peut-être. Mais Evelyn apprécie terriblement tous ces chevaliers en armure. Et la situation leur plaît à eux aussi. Elle adore son pouvoir nouvellement découvert. Evelyn n'est pas obligée de sortir avec Tony, et il ne pense pas non plus qu'elle lui doive un rendez-vous. Elle n'en doit pas non plus à l'épicier, ni au concessionnaire d'automobiles, qui fait tout ce qu'elle lui demande. Pour eux, c'est simplement un plaisir de prendre soin d'une déesse. Quand à Evelyn, elle aime en être une. Tous ces hommes se réchauffent au feu scintillant de la femme. Et Evelyn n'est pas la seule à apprécier le faux toupet de Tony. Tony aussi se préfère avec, tout comme sa femme et ses enfants.

SD Eve venait de se séparer de son petit copain quand elle est venue suivre son premier cours avec Mama. En fait, c'était sa meilleure amie, Annie, qui l'avait traînée là. Plongée dans une profonde tristesse, Eve n'était absolument pas d'humeur à flirter quand je lui ai donné le devoir de « la Chatte et la Queue ». En fait, cet exercice lui donnait même envie de se réfugier dans une grotte. SD Annie lui a proposé de se retrouver ce soir-là, de se préparer ensemble, puis de se rendre dans une soirée. Eve a pleurniché, mais a finalement accepté. Elle est allée rejoindre Annie chez elle et elles ont beaucoup ri en choisissant leurs vêtements et en se maquillant. Elles ont décidé que, lors de cette soirée, elles feraient uniquement leur devoir – c'est-à-dire qu'elles s'entraîneraient simplement à flirter. Il ne s'agissait pas de se faire offrir un rendez-vous, ni de trouver un petit copain, ni de se faire de nouveaux amis. Dans cette soirée, elles allaient mettre en œuvre leur capacité à s'amuser, à prendre du plaisir par elles-mêmes et à faire naître leur excitation pour leur seul bénéfice. Rien d'autre. C'était purement et simplement libérateur.

Quand elles sont arrivées à la soirée, elles se sentaient merveilleusement bien. Elles s'amusaient déjà énormément. Il s'est avéré qu'Eve et Annie étaient les femmes les plus ravissantes et les plus sensationnelles de la soirée. Tout le monde semblait vouloir leur parler. Annie a été stupéfaite de voir Eve envoyer un grand Saoudien vêtu d'un caftan lui chercher un verre de vin, pendant qu'elle flirtait avec son meilleur ami. Quand Eve est allée retrouver Annie, celle-ci était installée dans un grand fauteuil en cuir à haut dossier, un homme lui tenant son verre tandis qu'un autre lui tendait des hors-d'œuvre. Mais, pour Eve, le point fort de la soirée a été, après avoir donné son numéro de téléphone au Saoudien, de se faire raccompagner à sa voiture par ce mignon Français qui lui a demandé son numéro, avant de l'embrasser dans le stationnement. C'était qui, déjà, ce gars sur lequel elle se lamentait tellement, un peu plus tôt dans la même journée? Comment s'appelait-il?

Le flirt est une composante tellement essentielle de ce qu'est une femme, de qui elle est, que sa puissance peut lui permettre de dépasser son manque de confiance en elle-même. Quand SD Bess a suivi son premier cours avec Mama Gena, elle avait soixante-cinq ans. Elle nous a confié qu'elle croyait bien n'avoir jamais flirté de toute sa vie. En femme pragmatique, elle s'est dit : «Je n'ai rien à perdre, je vais essayer!» Ce soir-là, elle a mis un peu de rouge à lèvres, a posé son béret sur le côté de sa tête et est allée promener Plume, son caniche. Elle a commencé par faire l'expérience du sourire. Elle a souri à tout le monde. Elle a fait un clin d'œil au vendeur de journaux, s'est arrêtée pour bavarder avec les serveurs de son café préféré, et a fait dans l'ensemble une merveilleuse promenade en ville. Sur le chemin du retour, Plume s'y est mise aussi. Elle avait dû ressentir la toute récente effronterie de Bess, car, lorsqu'un homme qui promenait aussi son chien s'est penché pour caresser Plume, celle-ci s'est élancée vers lui et lui a sauté sur les jambes. Bess en a été très surprise, puis ravie. Le gars avait vingt ans de moins qu'elle, mais, tout comme elle, il avait un chien et était célibataire. Depuis que Plume les a présentés l'un à l'autre, ils flirtent par courriel, en discutant des cabrioles de leurs chiens.

Il faut savoir que flirter vous permet de vous assumer, vous rend plus autonome. Une femme en phase avec cette force phénoménale est extrêmement vivante. Elle n'attend pas qu'un homme soit dans les parages pour puiser dans son pouvoir, elle n'attend pas d'être dans la chambre à coucher pour libérer cette puissance. Non, elle l'exploite n'importe quand, n'importe où, dès que cela peut lui être utile, que cela peut la divertir, l'amuser ou lui permettre d'affirmer son indépendance. La plupart des femmes ont appris à flirter quand elles veulent obtenir quelque chose de quelqu'un. Mais le flirt n'est pas une façon de monnayer. C'est une activité que l'on pratique par pur plaisir, pas nécessairement pour atteindre un but défini. Si on a un but en tête, ce n'est pas du flirt, c'est du travail. Est-ce que des choses merveilleuses vont vous arriver si vous flirtez ? Absolument. Va-t-on vous faire des offres fantastiques ? Absolument. Mais ce n'est pas pour cette raison qu'on flirte. On le fait simplement pour le plaisir.

Ce que vous devez savoir, ma chère, c'est que c'est en vous que se trouve cet amusement. Pour le libérer, il vous faut... vous entraîner, vous entraîner, vous entraîner! Dans l'esprit de la tâche qui vous attend, Mama a créé des exercices stimulants qui vont vous mettre dans tous vos états.

Exercice 1 : *Réglez vos paramètres d'excitation*

Faites quelques sessions de «la Chatte et la Queue». Sortez de chez vous, choisissez un endroit et des circonstances où vous ne courrez pas le moindre danger, par exemple le guichet de vente des tickets de métro, et, quand vous demanderez votre chemin à l'employé, pensez à votre corps exquis. Prêtez attention à ce que cela vous fait ressentir. Notez ses réactions. Quand vous entrez dans un restaurant, que vous demandez une augmentation à votre patron, que vous appelez votre compagnie de téléphone, remplissez votre esprit de pensées agréables au sujet de votre entrejambe. Prenez bonne note de vos réactions, ainsi que celles de votre «victime». Ne vous contentez pas d'augmenter l'intensité de votre pouvoir, entraînez-vous à la faire baisser, comme lorsque vous voyagez seule le soir.

Exercice 2 : *Les conseils des pros du flirt*

Louez le film *Je ne suis pas un ange*, avec Mae West. Observez-la utiliser son charme féminin pour obtenir le gars qu'elle veut, malgré sa taille, malgré son âge! D'après vous, à quoi est-elle en train de penser quand elle flirte avec tous ces hommes? Oui, ma belle, ils connaissaient «la Chatte et la Queue», dans les années 1930. Ensuite, louez *Basic Instinct* et observez Sharon Stone en action. Ensuite, sortez de chez vous, et entraînez-vous. Essayez d'allumer le vendeur de charcuterie au supermarché. Prêtez attention à ce que vous ressentez (pas lui, vous!). Comme Sharon, suivez vos instincts.

Exercice 3 : Flirtez avec vous-même

Apprenez à connaître et à apprivoiser ce qui vous allume. Faites un petit nettoyage de printemps en vous concentrant sur le « flirt », afin d'être encore davantage à l'écoute de vos idées et de vos sentiments sur l'excitation. Faites de la place pour la nouveauté.

∾

La plupart des femmes ne maîtrisent pas cet art féminin. Mais une sœur déesse en retire les bénéfices dès qu'elle commence à s'entraîner à l'utiliser. Maintenant que vous avez fait vos exercices d'échauffement en flirt, il est temps de vous réapproprier votre image corporelle. Vous pouvez vous servir du flirt comme d'une baguette magique pour vous rendre magnifique. N'aimeriez-vous pas être encore plus belle que vous l'êtes présentement ? Vous découvrirez comment faire cela dans le chapitre suivant.

Leçon 6

L'art féminin de reconnaître sa propre beauté

La fontaine de Jouvence existe. Son eau coule dans l'esprit, dans le talent,
dans la créativité que l'on insuffle dans nos vies et dans les vies de ceux
qui nous sont chers. C'est quand on a appris à puiser dans cette
source qu'on a alors réellement vaincu la vieillesse.

SOPHIA LOREN

La clé de la beauté réside dans sa reconnaissance. Pour trouver votre beauté, vous devez creuser et la reconnaître. Chaque sœur déesse, peu importe à quel point le monde lui dit qu'elle est belle, doit se connaître et s'accepter si elle veut vraiment exploiter sa propre beauté spéciale, si elle veut vraiment la posséder. S'aimer soi-même libère notre force vitale et amplifie notre beauté.

Notre beauté innée n'est rien si elle n'est pas mise en avant par de l'enthousiasme. C'est pourquoi certaines femmes qui ont pourtant de belles caractéristiques physiques ne nous frappent pas comme étant particulièrement attirantes, et pourquoi certaines femmes qui n'ont pas de qualités physiques objectivement charmantes sont perçues comme étant absolument magnifiques. La plupart d'entre nous nous situons entre ces deux extrêmes, mais nous pouvons toutes passer de la beauté à la laideur selon notre humeur. J'ai toujours été stupéfaite, par exemple, de voir à quel point Judy Garland pouvait changer d'apparence d'une photo à l'autre. Et je ne parle pas d'être plus ou moins bien coiffée. Parfois, Judy avait la splendeur d'une star de cinéma, d'autres fois – et la photo pouvait avoir été prise seulement quelques jours plus tard – elle était presque hideuse. Ses traits étaient pourtant les mêmes, alors, qu'est-ce qui avait fait la différence? Je crois que les jours où Judy aimait Judy, elle avait l'air splendide, et que les jours où elle ne s'aimait pas, elle pouvait avoir l'air vraiment laide.

La beauté n'est pas aussi simple à créer que les chirurgiens plasticiens, les orthodontistes, les entraîneurs personnels, les agences de modèles et les magazines féminins veulent vous le faire croire. Ce n'est pas uniquement une affaire de mesure, ma belle. Prenons l'exemple de Jennifer Grey, qui était si mignonne avec son nez un peu crochu dans le film *Danse lascive*. Le monde est tombé amoureux de sa beauté unique. Malheureusement, elle, elle ne la voyait pas. Maintenant, après s'être fait opérer du nez, elle est peut-être plus conforme aux critères de la beauté conventionnelle, mais en modifiant la combinaison unique de ses caractéristiques physiques, elle a atténué sa beauté.

Le secret de la beauté, ce petit truc si difficile à saisir, c'est qu'elle ne peut exister que si on fait preuve d'une grande discipline intérieure. On peut créer la beauté en décidant d'aimer toutes nos caractéristiques – celles qui sont parfaites, celles qui sont un peu bizarres, et jusqu'à celles qui sont vraiment laides. Planter le décor et créer une atmosphère pour accueillir la beauté, décider de lui accorder tous les soins dont elle a besoin, tout cela permet à la beauté d'exister. Prendre du plaisir dans la vie, être satisfaite de soi-même, avoir des fréquents orgasmes amplifie son éclat. Nous sommes toutes capables de faire briller notre propre beauté pour en faire profiter notre monde, nous avons toutes accès au rayonnement de la splendeur. La question qui se pose est de savoir à quel point nous *souhaitons* être belle. Sommes-nous prête à nous accepter nous-même totalement, afin d'être sensationnelle? Réfléchissez-y sérieusement, ma chère, car le prix de la beauté est l'acceptation complète de soi-même et de ses propres dons.

Dans les premières semaines de cours, mes SD et moi abordons souvent le sujet de la reconnaissance et de l'acceptation de soi et de notre propre beauté. Je demande à mes déesses de nous raconter comment elles ont accepté leur propre beauté. SD Lane est mannequin, et, un soir, elle a raconté une belle histoire d'acceptation à ses sœurs déesses en herbe. Elle avait toujours souhaité devenir mannequin, depuis qu'elle était petite. Habiller ses poupées Barbie était inspirant, pour elle. Devenue adolescente, Lane s'est mise à sortir et à se promener dans New York, essayant de se mêler aux gens qui faisaient partie du monde de la mode. Elle a envoyé ses photos à de nombreuses agences de mannequins, mais aucune ne voulait l'accepter. Partout où elle allait, SD Lane se faisait dire qu'elle était trop grosse et trop petite.

Mais Lane n'était pas du genre à avoir peur des défis – elle savait ce qu'elle voulait, et elle voulait devenir mannequin. Elle refusait de renoncer à son rêve. Cette mentalité lui a finalement rapporté gros. Lane avait vingt-et-un ans quand, dans une fête, un photographe l'a abordée et lui a demandé si elle voulait poser pour lui. Cela a lancé sa carrière, et elle est devenue mannequin vedette. Lane est maintenant dans la quarantaine et elle ne semble pas prête à arrêter de travailler.

Pour émettre cette vibration qui ne peut être produite que par une véritable acceptation de soi, Lane ne pouvait que s'aimer elle-même, dans son entièreté. Cette jeune femme devait tomber amoureuse de son corps voluptueux et tout en rondeurs pour qu'il exsude ce genre de beauté. Le corps plus mince d'un mannequin aux normes conventionnelles n'aurait simplement pas créé le même effet. Et Lane était assez maligne pour le savoir.

Comme Lane, chacune de nous doit tomber amoureuse d'une de ses caractéristiques hors norme pour conquérir sa beauté. Comme tous les humains, chaque femme a des caractéristiques qui ne lui plaisent pas. Pour être vraiment belles, il nous faut tout particulièrement nous attacher à ces caractéristiques. Nous devons aimer à la fois nos forces et nos faiblesses si nous voulons être aussi attirante que possible. C'est une chance à saisir, pas un fardeau. Le plus formidable, c'est qu'il nous suffit de changer notre façon de considérer nos aspects « négatifs » pour rehausser notre beauté de façon incroyable. Dans son autobiographie, *La vertu n'est pas mon fort*, Mae West, l'une de nos sœurs déesses favorites, a écrit : « Toute femme devrait prendre la résolution, le plus tôt possible dans sa vie, de mettre en valeur les merveilleux atouts naturels de son visage et de sa silhouette, quels qu'ils soient, et être déterminée à ne jamais se laisser aller, à ne jamais se négliger. Ce qu'il faut savoir, c'est que chaque femme peut être belle, d'une façon qui lui est unique, si seulement elle est prête à la chercher et à la laisser s'exprimer. Les hommes aiment tant de choses différentes. »

C'est exactement ce qu'a fait SD Janice. Elle m'avait avoué qu'elle détestait sa poitrine. Elle était culturiste, or, les culturistes ont tendance à perdre beaucoup de tissu adipeux. Janice était baraquée, mais, alors que le reste de son corps se musclait et se tonifiait, le tissu graisseux de ses seins fondait. Et, en effet, bien que ravissants, ses seins tombaient. Janice voulait se faire poser des implants, mais Mama a réussi à lui faire faire une petite expérience avant l'opération. Je lui ai donné des instructions précises : plusieurs fois par jour, Janice devait observer ses seins et trouver une chose qu'elle aimait à leur sujet. Il lui était interdit de se lamenter sur les défauts qu'elle leur trouvait. Elle l'avait déjà bien assez fait ! Ainsi, Janice enlevait son soutien-gorge devant un miroir et se concentrait sur ce que ses seins avaient de *bien*, et non, comme elle le faisait habituellement, sur ce qui ne lui plaisait pas. Janice a suivi ces consignes à la lettre, et devinez ce qui s'est passé ? Elle a commencé à apprécier la couleur de ses mamelons, la forme de ses seins, les reflets dorés de sa peau, et le simple fait qu'elle *avait* des seins.

Cela faisait seulement une semaine que Janice s'exerçait à s'accepter quand, à la salle d'entraînement, un homme à qui elle n'avait jamais parlé est venu lui dire : « Excusez-moi, je suis un peu gêné de vous poser cette question, mais vous êtes-vous fait opérer des seins ? Vous avez une poitrine superbe. » Cela a pris Janice complètement par surprise, mais elle en a été ravie. Tout à coup, elle n'avait plus envie de se faire opérer des seins.

Des années ont passé depuis, mais Janice n'a pas oublié la leçon qu'elle a apprise quand elle a décidé d'accepter une partie d'elle-même qu'elle avait détesté jusque là. Quand elle s'assure avec vigilance de s'accepter intégralement, Janice adore son corps. Mais, quand elle sombre dans les abîmes de la désapprobation, elle le déteste. Janice sait que combien son corps est attirant et quelles réactions il provoque dépend complètement d'elle. Je ne suis pas étonnée que l'actuel petit ami de Janice *adore* ses seins. Quand nous revendiquons notre beauté, le monde s'élance dans notre sillage.

Babette, une ancienne élève de l'École des arts féminins qui a abandonné ses cours, a complètement adopté l'attitude que Janice a réussi à rejeter. Au lieu de se créer sa propre vie, sa propre existence, elle a accepté la vision du monde sur ce qui est correct en matière de salaire, de possessions, de vie sociale et de corps. Babette avait épousé un homme riche afin de le devenir elle-même, mais elle se sentait pauvre. Elle avait rapidement eu deux enfants, pour pouvoir devenir membre d'un club de jardinage et d'une société d'aide à l'enfance, dans le but de se faire accepter par sa riche communauté de banlieue du New Jersey. Mais elle ne s'acceptait toujours pas elle-même. Après la naissance de ses deux enfants, les seins de Babette s'affaissaient un peu. Essayant désespérément d'apprécier son corps et de se sentir bien, elle s'est fait poser des implants pour atteindre une taille C, a subi une liposuccion et des injections de Botox.

Après toutes ces petites interventions, elle avait de gros seins et une taille fine, et n'avait plus de rides d'expression. Mais Babette n'est toujours pas sûre d'elle-même, et cela se voit. Sans avoir la moindre raison, elle est obsédée par la crainte que son mari la trompe. Elle se méfie de toutes les femmes avec qui il travaille. Elle se rend désespérément dans tous les spas de sa ville pour y recevoir tous les traitements de soins possibles, mais pas par plaisir. Elle organise des fêtes extravagantes lors desquelles elle ne s'amuse jamais, parce qu'elle ne s'y sent pas à sa place. Chercher à acheter le bonheur dans les magasins ne fonctionne jamais.

Celles qui n'apprécient pas leur propre esprit, leur sensualité, leur personnalité et leurs préférences ne sont jamais aussi belles qu'elles pourraient l'être. Après tout, il est difficile d'être belle quand on erre d'un pas mal assuré dans un état d'incertitude, craignant le moment où les règles vont changer et où on va se faire laisser derrière. Vous devez garder en tête que vous êtes la créatrice. C'est vous qui faites les règles et c'est vous qui les changez, de sorte que vous ne pouvez pas être laissée derrière. Votre énergie peut librement rayonner autour de vous et se répandre en vous, car vous êtes la reine de la vie que vous vous êtes créée. Aucune de vos étincelles, aucune de vos lueurs ne va s'éteindre dans le doute ou l'incertitude. Tout ce que vous êtes est projeté vers le prochain souhait, le prochain caprice ou la prochaine idée que vous voulez voir se réaliser.

La femme la plus splendide que je connaisse est Docteure Vera Bodansky. Cette professeure d'éducation sexuelle a soixante-cinq ans et est une survivante du cancer. Son mari, Steve, et elle-même ont tous deux obtenu un doctorat en sensualité à la More University, en Californie, qui est une institution spécialisée dans la recherche sur le plaisir sensuel. Steve et Vera y ont eux-mêmes enseigné pendant vingt ans avant de continuer leur route par eux-mêmes et d'écrire *L'orgasme sensuel extrême*, qui est maintenant considéré comme la bible du plaisir sexuel.

Vera est une femme qui se délecte de sa sensualité. Quand on regarde Vera, ce qu'on voit, c'est sa radieuse féminité. Sa force vitale, son amour de la vie sont si puissants qu'ils irradient de tout son être. Bien sûr, on peut voir des signes de l'âge de Vera. Après tout, elle est huit fois grand-mère. Mais ce qu'on remarque, chez elle, c'est sa beauté candide. La raison pour laquelle Vera, comme toutes les femmes dont la vie sensuelle est riche et intense, est si belle et rayonne tant est que les huit mille terminaisons nerveuses de son clitoris reçoivent des caresses. Quand le clitoris est heureux, le corps tout entier s'éveille et tout l'être s'illumine.

Une fois que vous avez pris la décision de reconnaître votre beauté, vous pouvez vous lancer dans tous vos projets. La beauté est un pouvoir, un pouvoir qui se trouve à notre portée à toutes. Les sœurs déesses acceptent d'assumer leur beauté, tandis que la majorité des femmes passent leur vie à souhaiter la beauté et les autres merveilleux cadeaux que peut offrir la vie, sans jamais avoir l'impression de les posséder.

Quand j'avais douze ans, alors que commençais à ressentir ce douloureux embarras qui caractérise l'adolescence, j'ai vu le film *Funny girl*, avec Barbra Streisand. Et je l'ai regardé de nouveau, encore et encore (dix-huit fois en tout), parce que ce qui se dégageait à l'écran, devant mes yeux, était la puissance de la décision d'une femme qui est déterminée à être splendide, même si son physique ne remplit pas les critères de beauté conventionnels. Déjà à cette époque, Barbra Streisand était en train de faire de sa vie son propre conte de fées, qui incluait un beau prince. Je n'ai jamais oublié le message que j'avais retiré de ce film, et je vois bien maintenant que, pour faire d'un rêve une réalité, il suffit d'y croire. C'est ce qu'a fait Barbra. Vous aussi pouvez le faire.

Prenez Diana Vreeland. Elle a dit : «Ne vous préoccupez jamais des faits, projetez simplement une image au public. » Effectivement, c'est bien ce qu'elle a fait. Un journaliste américain avait déclaré que cette gourou de la mode ressemblait à un de ces petits Indiens de bois qu'on trouve dans les magasins de cigares. Les créateurs de mode français disaient qu'elle était une jolie laide. Mais Diana ne s'est pas laissé impressionner par les critiques ou par les étiquettes qu'on lui accollait. Elle était bien trop occupée à devenir la plus grande arbitre du style et de l'élégance de tout le vingtième siècle. Diana a été la rédactrice de mode du magazine Harper's Bazaar pendant vingt-cinq ans, avant de devenir rédactrice en chef chez Vogue. Elle était originale, créative, non conformiste, et, puisqu'elle était celle qui décidait ce qui était beau, elle avait le pouvoir de devenir une icône. Indifférente à ce qu'on disait d'elle, Diana a toujours été associée à la beauté. Elle voulait que ce lien existe, et elle l'a créé.

La vérité, c'est que les opinions des autres, dans ce domaine, n'ont quasiment aucune importance. Les commentaires qu'on nous adresse peuvent parfois nous servir temporairement à augmenter notre confiance en nous, comme un gilet de sauvetage peut nous empêcher de nous noyer. Mais ce que les gens pensent de nous n'a pas vraiment d'effets durables, ni positifs, ni négatifs, en dehors de la valeur que nous leur accordons.

Un jour, alors que SD Terri et moi étions en train de bavarder, elle m'a révélé qu'elle ne s'était jamais sentie jolie. Toute sa vie, elle s'était sentie grosse, trapue et peu séduisante. Mais, en feuilletant un vieil album de photographies, elle était tombée sur des photos d'elle-même qui avaient été prises quand elle était adolescente et quand elle était plus jeune. Elle avait été sidérée de réaliser à quel point elle était belle. «Quel gâchis, m'a-t-elle expliqué.

Si seulement j'avais su à l'époque à quel point j'étais jolie ! » Tant de femmes vivent cette même expérience à un moment donné dans leur vie, qu'elles soient dans la fin de la vingtaine, dans la trentaine ou dans la quarantaine – en voyant des photos d'elles-mêmes quand elles étaient enfant, adolescente ou au début de la vingtaine, elle se disent : « Mais qu'est-ce que je m'étais mis dans la tête ? Je n'étais pas laide, j'étais si belle. Si seulement je m'en étais rendu compte à l'époque, toute cette période aurait été tellement plus agréable ! »

Ainsi, ce que je veux vous faire comprendre, ma chérie, c'est qu'il vous suffit de faire un peu d'efforts pour vous voir comme la beauté renversante que vous êtes réellement. Comme vous vous trouvez souvent moche, vous allez devoir vous donner un peu de mal pour ajouter à vos habitudes celle de vous trouver belle. Laissez-moi vous expliquer pourquoi je dis que vous allez devoir *ajouter* une nouvelle habitude. C'est parce qu'il est plus facile de prendre une nouvelle habitude que d'en perdre une mauvaise. Pourquoi ? Réfléchissez un peu sur la question. N'avez-vous pas bien plus de mal à vous dire *non* à vous-même qu'à vous dire *oui* ? Je pense bien que oui. Je n'ai réussi à arrêter de me ronger les ongles qu'en me motivant avec des manucures hebdomadaires. Quand je cesse de me faire manucurer, je recommence à me ronger les ongles. Et je ne suis pas la seule à fonctionner de cette façon. Une de mes SD a récemment perdu beaucoup de poids, et sans trop de difficultés. Sa méthode a consisté à ajouter à ses habitudes quotidiennes deux nouvelles habitudes : celle de faire de l'exercice et celle de se préparer des « collations croquantes », c'est-à-dire des sachets de carottes, de céleri et d'autres crudités qu'elle peut grignoter toute la journée.

Cette SD m'a affirmé que, si elle a réussi à atteindre son but, c'est parce qu'elle a ajouté ses nouvelles habitudes, au lieu d'essayer de se débarrasser de certains comportements. Je trouve cela censé. Nous sommes des êtres avides – nous préférons toujours en avoir plus que moins.

Non seulement j'ai ajouté à ma vie l'habitude de me faire manucurer, afin d'arrêter de me ronger les ongles, mais j'ai aussi observé ceux qui m'entouraient afin d'améliorer mes habitudes générales en matière de beauté. J'ai quarante-cinq ans et un physique moyen, mais j'ai réussi à me transformer en poupée incroyablement sexy, tout simplement parce que je le voulais. Vous pouvez faire la même chose. Pour me métamorphoser, je me suis contentée d'observer des femmes qui étaient splendides pour différentes raisons et d'embrasser leurs habitudes. J'ai remarqué que les femmes que je trouvais superbes et sexy adoptaient des postures très différentes des miennes. On aurait dit qu'elles étaient exposées, tout comme on expose une œuvre d'art. Leur façon de rejeter en arrière une mèche de cheveux, de se tenir si droites ou de s'allonger sur les divans, la grâce de leurs gestes, tout cela annonçait : « Regardez-moi, je suis superbe ! » J'ai fait miennes ces postures et ces gestes, et j'ai remarqué que cela me faisait me sentir vraiment bien, chic et élégante. Ces simples petits changements m'ont aidée à me considérer comme magnifique – grâce à l'effet du « et si... » Je me suis mise à agir comme si j'étais belle, ce qui m'a tout simplement fait le devenir à mes yeux et aux yeux des autres.

J'ai eu la chance d'entendre des femmes faire à mon sujet des commentaires qui m'ont fait penser que j'avais réussi dans ma mission de devenir une bombe. Il y a environ huit ans, alors que j'animais un cours, une femme s'est penchée vers son amie en me montrant du doigt et lui a dit :

« Tu sais, elle n'est pas vraiment belle, mais elle fait comme si elle l'était. » C'est là que j'ai su que j'étais bien partie.

Plus tard, quand j'ai rencontré Vera, j'ai pris conscience que le secret de sa beauté était qu'elle était très en phase avec son extase. J'ai remarqué que tous les gens qui s'amusent vraiment, qui sont vraiment heureux, sont beaux. J'ai décidé que je voulais apprendre à jouir, afin de pouvoir conquérir aussi cette portion de mon existence et de ma beauté. Vera et Steve m'ont appris à le faire, et maintenant j'enseigne à mon tour aux autres femmes comment acquérir cet éclat spécial.

SD Lane et d'autres beautés qui ont suivi mes cours m'ont aussi aidée à agrémenter ma beauté. J'ai remarqué que Lane s'arrangeait pour n'être entourée que de choses aussi belles qu'elle – ses accessoires de mode comme les plats sur lesquels elle servait la nourriture ou les draps dans lesquels elle dormait. J'ai commencé à repenser le concept de ma vie pour que tout ce que je touche soit le reflet de ma beauté, de mon téléphone ultra-mince et mon joli portefeuille aux crèmes pour le corps qui se trouvent dans ma salle de bain, et aux souliers qui m'attendent dans ma garde-robe ou encore aux flûtes à champagne alignées dans mon vaisselier. Il n'est pas nécessaire de dépenser beaucoup d'argent pour toutes ces choses, il faut simplement les choisir consciemment, avec soin, en y réfléchissant attentivement.

Ce dont j'ai fini par prendre conscience, c'est que nous avons une infinité de façons de nous réapproprier notre beauté. Il nous suffit de regarder autour de nous et de faire tout notre possible pour intégrer notre vision de cette beauté dans chaque chose que nous faisons, chaque objet qui nous entoure, chaque pensée que nous formulons et chaque sentiment que nous éprouvons sur nous-même et notre place dans le grand et merveilleux monde qui nous entoure. Partons à la conquête du monde de la beauté et approprions-le nous. Dominons la beauté et apprenons à nous délecter et à honorer de cette étincelle miraculeuse avec laquelle nous sommes tous nés. Tous les bébés sont beaux. Toutes les femmes sont belles. Toutes les créations de la déesse sont belles.

Chaque personne, à certains moments de sa vie ou à certains endroits, se sent belle. À quel moment vous sentez-vous belle? Est-ce après avoir passé un merveilleux moment à faire l'amour? Quand vous êtes chez le coiffeur? Quand vous sortez de la salle de sport? Quand vous venez de vous faire masser? Si vous réussissez à déterminer les moments précis où vous vous sentez belle, vous pourrez les multiplier. SD Marlene se sentait toujours superbe quand elle venait de se faire un brushing. Ses sœurs déesses lui ont conseillé d'aller deux fois chez le coiffeur plutôt qu'une seule, certaines semaines, et elle a commencé à apprécier davantage sa beauté, et bien plus profondément. Pour SD Fanny, il suffit de sortir tout ce qui se trouve dans son sac avant de réarranger tous les accessoires à l'intérieur d'une façon qu'elle trouve impeccable.

J'ai imaginé une série d'exercices qui pourront vous aider à prendre conscience de la beauté en vous et dans ce qui vous entoure, et à la ressentir. Ces activités fonctionnent très bien – à condition que vous les fassiez. En fait, pour être efficaces au maximum, vous devez en faire vos nouvelles habitudes. Allez, ma chère déesse, attribuez-vous une bonne part de beauté, drapez-vous dedans et affichez-la partout où vous allez. Si vous réussissez à reconnaître votre beauté profonde et à vous traiter en conséquence, non seulement vous en retirerez énormément vous-même, mais vous inspirerez ceux qui vous entourent à vous imiter. Introduisez la beauté dans votre vie et faites de votre Chatte une reine, et vous rendrez le monde meilleur ! Joignez la révolution de la beauté !

Exercice 1 : *Vous êtes Cendrillon et sa fée marraine*

Pour chacune de nous, il existe certains domaines de nos vies et de notre expérience qui nous semblent enviables, mais que nous nous retenons d'explorer. Souvent, nous nous disons qu'ils ne nous sont pas accessibles parce que nous ne sommes pas assez belles. Il est temps de faire exploser cet obstacle, ma chérie. C'est ce que vous allez faire avec cet exercice. Rédigez une réponse à cette question : « En quoi ma vie serait-elle différente si j'étais vraiment belle ? » Dressez votre liste, puis vous pouvez en parler avec une amie. Assurez-vous que cette liste comporte au moins cinq points, et préférablement vingt-cinq, voire davantage. Vous serez surprise des révélations sur vous-même qui vont émerger. Une SD a un jour dit que si elle était belle, elle serait plus gentille avec son mari. Une autre a affirmé qu'elle pourrait avoir tous les hommes qu'elle voulait. Vous allez peut-être parler d'augmentation de salaire, de nouvel appartement ou d'une vie sexuelle formidable. Analysez bien votre liste, puis décidez si vous voulez atteindre un ou plusieurs de ces buts MAINTENANT.

Exercice 2 : *Comment vous parler à vous-même*

Au moins trois fois par jour, et ce chaque jour, dites-vous à voix haute : « Je suis belle ». Vous pouvez vous dire cette petite phrase qui change la vie en marchant dans la rue, en passant devant un miroir, quand vous êtes assise à votre bureau. Vous pouvez le penser en silence – « Je suis belle » – aussi souvent que vous le désirez, mais vous devez vous le dire à voix haute au moins trois fois par jour. Vous gagnerez des points supplémentaires si vous le prononcez en vous regardant dans un miroir et en vous lançant un petit clin d'œil en même temps. Cet exercice permet de complètement transformer votre chimie corporelle. En un instant, vous passez de la dévalorisation de vous-même à l'auto-adoration. Si vous le faites avant une rencontre importante ou un souper avec votre petit ami, vous êtes un génie ! Vous n'aurez plus à vous soucier de modifier les messages inconscients que vous vous envoyez à vous-même en permanence. Ils vont se mettre à changer automatiquement en même temps que vous vous convaincrez toujours davantage de votre propre splendeur. Introduisez cette chansonnette dans votre vie, et vous vous octroierez trois secondes de soins de beauté chaque fois que vous la chanterez !

Exercice 3 : *Refaites votre décoration extérieure*

Ouvrez votre garde-robe et mettez-vous au travail pour lui redonner toute sa gloire. Libérez de la place dans votre vie pour accueillir la beauté. Ne conservez que les vêtements dans lesquels vous vous sentez absolument superbe. Débarrassez-vous de tout ce que vous n'êtes pas absolument certaine de vouloir ou aimer en le donnant à de bonnes œuvres ou à une amie. Organisez votre tiroir de sous-vêtements. Défaites-vous de ces souliers qui ne vous vont pas bien, de ces bijoux de fantaisie que vous ne portez jamais.

J'ai moi-même fait cet exercice avec Auntie Beth, l'année dernière. Nous nous sommes débarrassées de vingt sacs de vieilleries qui encombraient ma garde-robe. Ces articles étaient en bon état, ils n'étaient simplement pas assez sexy, pas assez beaux. À la fin, il me restait environ cinq vêtements. Et c'est alors qu'une chose merveilleuse a commencé à se produire : des stylistes se sont mis à me donner des vêtements, une grande amie m'a donné des bottes et un superbe manteau. J'ai vu ma garde-robe se remplir d'adorables petits vêtements sans efforts de ma part et sans que cela ne me coûte quoi que ce soit. Maintenant, j'ai pour la première fois de ma vie une garde-robe digne de moi, et elle ne fait que s'améliorer. La même chose peut vous arriver. Vous n'avez qu'à être convaincue que la puissance de votre désir, associée à celle qui accompagne le fait de se sentir belle, va faire de vous un vrai canon irrésistible. Comment dire *non* à cela ? Allez, lancez-vous, ma belle !

Exercice 4 : *Ne prenez que des repas qui conviennent à la reine que vous êtes* !

Le fait de tout mettre en œuvre pour rendre votre vie glorieuse et prestigieuse vous apporte un sentiment de bien-être, renouvelé d'un moment à l'autre au fur et à mesure que votre journée avance. Quand vous ouvrez votre placard pour choisir vos vêtements et que tout ce qu'il contient est délectable, vous vous sentez instantanément merveilleusement bien. Vous avez même l'air merveilleuse, grâce au plaisir que vous tirez de chaque détail de votre vie.

Mettez ce principe en application à table et dans la cuisine. Assurez-vous, chaque fois, de manger exactement ce que vous désirez, et de tout présenter avec une grande classe, digne d'une reine. Si vous voulez grignoter des croustilles, présentez-les sur votre assiette préférée. Si vous dégustez du fromage cottage, servez-le dans un bol en cristal. Vous comprenez le principe : ne vous contentez pas de verser les aliments dans n'importe quoi, puis de vous goinfrer. Mais présentez toute la richesse de votre désir dans de la belle vaisselle, puis savourez-en chaque bouchée. Vous êtes la reine de vos désirs et de votre monde, alors agissez en conséquence, en particulier quand vous êtes le seul témoin de la situation. Vous méritez ce qu'il y a de meilleur. Ne vous contentez jamais d'autre chose.

Exercice 5 : *Refaites votre décoration intérieure*

De nombreuses SD se sont rendu compte qu'accepter la beauté dans leur vie leur donnait du pouvoir et leur procurait un sentiment de paix. Pouvez-vous penser à un rituel qui embellirait votre vie ? Pour une SD, il suffisait de s'acheter du pain, du fromage et une bouteille de vin, d'allumer toutes les chandelles de son appartement, puis de s'asseoir par terre, nue, devant un miroir, avant de lire à haute voix le poème de Derek Walcott intitulé *Love After Love*.

Soyez prête à célébrer votre beauté intérieure par le moyen de la poésie, de la danse ou du chant. Exercez-vous à repérer de façon experte la beauté dans tous les aspects de la féminité, que vous soyez grosse ou mince, jeune ou âgée, menue ou imposante. SD Paula a été nommée SD de la semaine, un jour, grâce à son changement d'attitude. Auparavant, elle était incroyablement snob en matière de beauté. Cependant, après avoir suivi le cours, elle s'était rendu compte que, en cherchant à mieux s'accepter elle-même, elle avait développé un sentiment de solidarité féminine avec toutes les femmes, en particulier les femmes qui ne partageaient pas sa classe sociale et culturelle, ou qui n'avaient pas la même origine ethnique qu'elle. En se trouvant, elle avait découvert la nature de l'étoffe dont sont faites les femmes et que nous avons toutes en commun.

Exercice 6 : *Tombez amoureuse de vous-même*

Écrivez-vous une lettre d'amour. Installez-vous à votre bureau avec des fleurs et des chandelles. Faites jouer de la bonne musique. Créez l'ambiance, comme si vous étiez l'amoureux qui s'apprête à vous écrire une lettre d'amour. Lisez-la à haute voix. Nous ne passons jamais assez de temps à reconnaître notre propre splendeur, ni à nous complimenter sur notre formidable merveillosité. Pourtant, c'est, tout d'abord, vraiment agréable à faire. Ensuite, cela a des conséquences extraordinaires sur le monde. SD Ruth s'est écrit à elle-même la lettre d'amour la plus sexy, la plus romantique et la plus exubérante de toute sa classe. Elle a été bouleversée quand, deux semaines plus tard, son petit ami, Ernest, lui a spontanément écrit sa toute première lettre d'amour. Le plus étrange était que les compliments qu'il lui faisait ressemblaient tellement à ceux qu'elle s'était adressés à elle-même qu'on aurait dit qu'il avait lu dans ses pensées. Et, franchement, si un gars devait lire dans vos pensées, autant que celles-ci soient délicieuses !

Leçon 7

Faire la fête avec votre garce intérieure

Ne me parle pas de règles, chéri. Partout où je vais,
c'est moi qui les impose, les fichues règles.
MARIA CALLAS

Votre mission, si vous l'acceptez, consiste à vous enfoncer avec moi dans les profondeurs de l'océan, à plonger à la recherche des perles les plus précieuses et les plus difficiles à récupérer. Elles se trouvent tout au fond de vous, cachées dans la partie sombre de votre personnalité. Vous venez? Il est normal de connaître un moment d'hésitation, mais j'espère que vous saurez vous faire violence pour finalement me suivre, ma chérie. Si vous le faites, vous ferez un nouveau pas de géant vers une existence agréable et épanouissante.

Notre côté obscur est une partie de nous dont nous avons du mal à accepter l'existence. C'est facile d'être efficace, talentueuse, jolie, charismatique, fiable, prévenante ou aidante. Mais on a un peu honte de marquer notre désapprobation ou d'exprimer notre désaccord, notre douleur, notre colère ou notre vulnérabilité. Tout cela appartient à notre côté sombre. Or, pour tirer le maximum de nos plus belles et étincelantes qualités, nous devons d'abord nous aventurer dans l'exploration de nos émotions les plus sombres. Nous ne pouvons pas toujours être la gentille fille, toujours capable de puiser dans la puissance incroyable de notre enthousiasme, de l'amour et de la joie qui nous habitent.

Eh oui, ma courageuse lectrice, être une sœur déesse implique d'approuver chaque facette de la Déesse en vous, et pas uniquement les côtés beaux et bons. En fait, plus vous renforcez vos liens avec votre côté sombre, plus vous serez véritablement heureuse et équilibrée. L'art féminin que je voudrais que vous appreniez à maîtriser maintenant consiste à former des liens d'amitié, d'amour et de compréhension avec tous vos défauts, vos faiblesses et vos imperfections. Il est temps d'apprendre à connaître intimement votre rage démoniaque, votre immense tristesse, votre embarrassante jalousie ou votre profond sentiment de solitude.

Vous vous demandez peut-être : « Mais pourquoi devrais-je me lancer dans cette excursion ? » Mais il existe réellement une très bonne raison de la faire. Nous, les femmes, vivons en permanence dans un nuage d'émotion réprimée, la plupart du temps de colère, d'après mon expérience. Comment est-ce que je sais que les femmes sont en colère ? Parce qu'elles se fâchent dès qu'on suggère qu'elles sont peut-être en colère. De nombreuses femmes passent toute leur vie à essayer d'être gentilles et de bien agir, alors, quand cette fausse identité de gentillesse absolue est mise à jour, toute la colère qu'elles cachaient jusque là remonte à la surface, amplifiée par la frustration de n'avoir pas été capables de complètement dissimuler cette colère. Je sais aussi, d'après mon expérience personnelle, qu'on peut enfouir sa colère pendant des années, et je connais les effets néfastes d'un tel refoulement.

J'ai souffert d'une grande colère que j'ai ressentie dès l'âge de douze ans et jusqu'à ce que je sois bien avancée dans ma trentaine. Je ne me suis rendu compte de la gangrène qui avait envahi ma vie qu'en repensant au passé depuis le nouveau point de vue que me donnait ma vie comblée et agréable. J'étais en colère contre les conséquences spirituelles, physiques et éducationnelles du fait d'être une fille. Je me sentais aliénée, seule, perdue et révoltée. Je gérais ces sentiments, non en les exprimant, mais en les intériorisant. J'étais devenue maussade et de mauvaise humeur. Je mangeais trop, rongeais mes ongles et sous-performais avec une grande maîtrise.

Ce n'est que des années plus tard, quand j'ai commencé à avoir une notion de ma propre rectitude et à explorer le monde du plaisir, que j'ai considéré ma colère comme justifiée et me suis sentie libre de m'en servir de façon constructive. La colère est comme une machette. Si je m'en servais pour avancer vers mes buts, j'allais pouvoir me tailler un chemin à travers les ronces de la vie d'une façon incomparable. Si je dirigeais cette colère vers moi-même ou mes êtres chers, elle pouvait causer des dommages graves, voire désastreux. Je me suis rendu compte à quel point c'était pitoyable que ma colère intériorisée ait, pendant tant d'années, rogné ma vie jusqu'à ce qu'il ne reste qu'un fragment de ce qu'elle aurait dû être.

La colère d'une femme, canalisée vertueusement, est un outil d'une valeur inestimable. De nos jours, énormément de femmes couvent une colère prête à entrer en ébullition, bien que, agréables que nous sommes si souvent, nous ne l'admettions pas toujours.

Nous vivons à une époque de grands changements et d'attentes contradictoires et auxquelles on répond rarement. Les femmes disposent de plus de liberté et peuvent profiter de davantage d'occasions que jamais auparavant, mais on continue pourtant de nous élever en nous apprenant à faire passer nos désirs après ceux des gens qui nous entourent. Nous n'avons donc pas l'habitude de définir nos propres désirs et d'essayer de les satisfaire. Le paysage social et économique en plein changement nous offre de nombreuses possibilités, mais, souvent, nous ne faisons tout de même pas ce que nous voulons réellement. Nous nous contentons de choisir un chemin de vie – la voie de la carrière, la route de la maternité, le chemin du malheur – et nous nous lançons sur cette trajectoire.

Mais, en fin de compte, le pilote automatique ne nous mène pas bien loin.

Nous nous jugeons nous-mêmes si sévèrement. Je pense que c'est bien le pire, dans tout cela : notre jugement de nous-mêmes. Nous pensons que nous ne faisons pas les choses correctement si nous ne sommes pas riche ou mariée, ou les deux, quand nous atteignons la trentaine. C'est la colère que nous dirigeons vers nous-même qui nous rend si rigides, si peu résilientes, qui fait que nous avons un si faible sens de l'humour quand d'autres nous marquent leur désapprobation. Nous, les femmes, avons toutes un minuscule fusible, et quand il saute, nous sommes fâchées, sur la défensive, amères et déconcertées. La seule façon de nous sortir de ce dilemme est que chacune d'entre nous, les filles, décide ce qu'elle veut et fasse le nécessaire pour l'obtenir. Je ne dis pas que le chemin que vous choisirez d'emprunter sera facile à suivre, mais, au moins, vous aurez une chance d'obtenir ce que vous désirez vraiment après vous être donné tout ce mal.

Donc, une des principales choses que nous puissions faire pour nous retrouver avec ce que nous voulons à la fin de la bataille est de ne jamais perdre de vue nos propres désirs. Notre colère peut nous aider à faire cela. La colère est souvent un grand panneau de signalisation qui nous indique dans quels domaines de notre vie nous avons l'impression de nous faire rouler. Quand nous avons identifié ces nœuds de colère, de ressentiment ou de tristesse, ou simplement la piqûre de l'envie, nous pouvons nous demander par quoi remplacer ces émotions et quelles sont les premiers pas à faire.

Dans quels domaines vous sentez-vous esclave de votre vie ? Êtes-vous esclave de la mode ? De votre mari ? De vos enfants ? De votre travail ? Vous n'en reviendrez pas quand vous constaterez combien de domaines vous pouvez nommer, une fois que vous vous y mettez. Êtes-vous esclave de la jeunesse ? De l'argent ? Du temps ? Êtes-vous trop peureuse pour obtenir le travail que vous voulez ? Trop résignée pour dire à votre mari exactement ce que vous voulez faire au lit ? Vous soumettez-vous aux attentes des autres ? Acceptez-vous trop de compromis ? Tant que nous ne savons pas à quelles influences nous nous soumettons, nous ne pouvons pas choisir d'autre option. Identifier ces éléments qui régissent présentement votre monde et vous limitent est une étape cruciale.

Le but de Mama, ici, est de simplement vous montrer que nous devons savoir où nous nous trouvons, afin de concentrer notre énergie dans une direction plus positive, à savoir vers notre plaisir. Nous avons la liberté du choix. Notre colère contenue est un merveilleux et stimulant canalisateur, mais elle peut aussi causer de grands dommages si nous la laissons bouillir et nous rendre amères. Mama veut que vous vous entraîniez à pratiquer l'art d'utiliser votre colère à votre avantage, plutôt que d'en souffrir. Vous possédez un riche terreau émotionnel, foisonnant d'énergie, de passion et de vie. Mama veut que vous exploitiez les ressources de cette terre fertile sans laisser les mines de colère vous faire exploser.

Quand nous, les femmes, n'admettons pas que nous sommes en colère, que nous sommes en guerre, le monde entier devient notre champ de bataille. Si cette colère n'est jamais relâchée, elle s'exprime de façon destructrice. SD Catherine me vient à l'esprit quand je pense à ce qui se passe quand on ne libère pas sa colère de façon constructive. Elle était tellement en colère contre Steven, son mari, qui était un vrai bourreau de travail, qu'elle dépensait des milliers et des milliers de dollars en achats inutiles, dans le seul but de le faire enrager. Il n'était jamais venu à l'idée de Catherine de simplement demander à Steven de lui accorder davantage de temps et d'attention. Tout ce qu'elle savait, c'était qu'il faisait enfin attention à elle quand le relevé bancaire arrivait, alors elle s'assurait que cela se reproduise. Ce genre de bataille personnelle ressemble un peu à la guerre du Vietnam – cela s'éternise pendant des décennies, personne ne gagne et, à la fin, on en a même oublié pourquoi on se bat.

Une colère flottante, non canalisée, ne nous apprend rien. Elle n'est pas instructive. Elle n'est que destructive. SD Catherine a fini par se rendre compte que, en commençant par se donner à elle-même l'attention dont elle avait tant besoin, elle était désormais capable de montrer à Steven qu'ils seraient tous deux plus heureux et connaîtraient davantage de succès s'ils trouvaient un meilleur équilibre entre le travail et les loisirs. Il n'avait jamais écouté cette requête quand elle la lui faisait en hurlant. Mais quand elle a été assez calme et comblée pour lui en parler gentiment, il l'a entendue. Une fois capable d'apaiser sa colère, Catherine a su apporter des changements à sa vie conjugale pour la rendre agréable à la fois pour elle et pour son mari.

Être une sœur déesse signifie aussi qu'on s'autorise à ressentir ce qu'on ressent. Ressentez tout, dans son entièreté, votre rage entière, votre peur entière, votre sentiment de solitude tout entier également. Invitez tout cela en vous, ne vous laissez pas intimider. Quand vous sentez des émotions vous envahir, libérez-les dans toute leur puissance et réjouissez-vous. Soyez furieuse ! Pleurez ! Fulminez ! Laissez-vous ressentir vos sentiments. Il est important que vous compreniez que vos sentiments sont corrects. Votre passion fait partie de votre génie.

Il arrive qu'une SD se sente un peu inquiète, au départ, à l'idée d'exprimer sa colère. SD Barbara, a commencé par hésiter à sauter le pas et accepter la colère qu'elle ressentait à l'égard de Tom, avec qui elle sortait depuis deux ans, et de Linda, avec qui elle partageait un appartement. Ce qui s'était passé, c'était que Tom et Barbara sortaient souvent et emmenaient Linda avec eux. Linda était célibataire et s'entendait très bien avec Tom. En fait, ils étaient vite devenus un peu trop copains au goût de Barbara. Au départ, Barbara s'est contentée de bouder et de se morfondre. Puis, quand elle s'est trouvée seule avec Tom, elle lui criait ses insécurités et ses soupçons sur lui et Linda. Oui, c'était franchement minable. Tout sauf constructif. Après quelques semaines de cours à l'École des arts féminins, Barbara a commencé à considérer sa colère comme correcte, à sentir que sa zone de confort, pour ce qui était des rapports entre Linda et Tom, était acceptable, et à sentir que mettre le holà à une situation qui lui déplaisait était légitime. Qu'a donc fait Barbara? Elle a demandé à Linda de mettre la pédale douce avec Tom et lui a recommandé de se trouver son propre petit ami.

Comme Barbara, les femmes qui ont l'impression de ne pas avoir le contrôle de leurs émotions les plus complexes n'obtiennent pas ce qu'elles veulent. Elles intègrent l'armée de guérilléros composée des femmes en colère qui utilisent leur pouvoir biologique de façon destructrice.

Cependant, après que Barbara eut énoncé les règles, la guerre a pris fin et elle a pu redevenir amie avec Linda. Une fois le problème étalé au grand jour, Barbara s'est sentie forte et respectée, et Linda a reconnu que son amie avait eu du mérite de reconnaître ce qu'elle ressentait et d'avoir agi en conséquence.

Quand nous, les femmes, nous sentons impuissantes, déçues et globalement insatisfaites, nous avons tendance à nous faire de sales coups en douce les unes aux autres. Nous prenons ce que nous pouvons pour nous hisser en haut de l'échelle. Nous plantons quelques couteaux dans de pauvres dos avant le dîner, et faisons circuler quelques ragots pendant la pause. Au banquet qu'est la vie, nous sommes des convives lubriques, débauchés, affamés. La plupart d'entre nous ne nous sommes jamais permis d'occuper un siège à la table du banquet. Nous avons été serveuses, agentes d'accueil ou préposées au vestiaire, attrapant ce que nous pouvions au passage. Mais, si nous voulons nous asseoir à la place qui nous revient à la table du banquet de notre vie, nous devons accepter la légitimité de nos sentiments et de nos désirs, et toujours agir en conséquence, avec détermination.

Nous sommes presque toutes, nous les femmes, furieuses contre les hommes, que nous en soyons conscientes ou non. Nous sommes si fâchées d'êtres ignorées, de ne pas être prises en considération et de nous faire rabaisser que nous serions prêtes à faire un trou dans la coque du bateau qu'est la vie et à couler avec le navire, rien que pour le plaisir d'observer le gars assis à côté de nous, qui n'aurait enfin que ce qu'il mérite. Les hommes ne feraient pas cela. En remarquant que le bateau coule, ils s'assureraient qu'on donne un gilet de sauvetage à la petite femme en tout premier. Après tout, aucun homme, dans ce bateau, n'aurait de raison de poser un tel acte autodestructeur, alimenté par la colère, la frustration et la déception de générations de femmes.

Quand nous avons affaire à de la colère ou du désespoir, l'option la plus élégante à notre disposition consiste à nous élever au-dessus du problème et de mettre toute notre énergie dans quelque chose de bien plus amusant. C'est ce que SD Emma a constaté. Elle était avec John depuis quinze ans quand il l'a quittée. Il a pris cette décision unilatéralement – il se trouvait trop jeune pour être en couple, trop jeune pour perdre sa liberté. Quand John lui a annoncé que c'était fini entre eux, SD Emma a d'abord été furieuse, puis elle s'est sentie perdue. Elle avait été amoureuse de John et avait rêvé de l'épouser. Elle est donc allée consulter un psychologue. Ce que cette thérapie lui a offert, c'était une occasion de revenir sur tout ce qui n'allait pas entre elle et John, ainsi que la prise de conscience qu'elle avait des problèmes d'intimité et qu'elle n'avait pas réglé certaines choses du passé. Cette approche n'a pas du tout aidé SD

Emma à se sentir de meilleure humeur. Alors, quand une de ses amies lui a parlé des cours que je donnais, elle a décidé de les suivre.

Quand Emma est arrivée pour son premier cours d'art féminin, elle a découvert que Mama lui proposait une différente solution. Après lui avoir posé quelques questions, je me suis rendu compte que toute la vie d'Emma, quand elle vivait avec John, avait tourné autour de lui. (Je ne pense pas que vous ayez besoin que je vous dise à quel point cette mentalité de satellite est répandue chez les femmes. Je sais que vous avez des amies dont l'univers tourne autour de leur amoureux, des amies qui se sentent perdues dans l'espace. Le problème est que, dans ce scénario, elles sont toujours perdantes, même pendant qu'elles sont dans cette relation.) La première chose que j'ai faite a été de pousser Emma à sortir et à s'amuser beaucoup plus qu'auparavant. Je souligne qu'elle s'en est sortie à merveille. Elle s'est mise à sortir avec d'autres hommes, à faire du bénévolat et à passer plus de temps avec ses amies.

Elle avait élargi sa vie, et grâce à cela, elle s'amusait davantage et il était plus agréable de passer du temps avec elle. Elle avait l'air plus jolie que jamais et elle appréciait l'attention que lui donnaient les hommes. SD Emma nous a fait le serment, aux autres SD de sa classe et à moi, que plus jamais elle ne se mettrait à aller où on lui disait, à aller chercher ce qu'on lui demandait, à faire le ménage et cuisiner afin de garder un homme. C'était bien trop de travail, et Emma voyait bien que faire cela ne lui avait pas permis d'atteindre son but, c'est-à-dire de développer une belle relation sexy avec un homme.

Mais SD Emma n'avait pas encore tiré le maximum de son expérience positive du plaisir. Détectant l'odeur de l'amusement, John est revenu flairer l'air autour de SD Emma, désormais bien plus intéressante et excitante. Emma en a été contente (qui n'apprécie pas qu'un homme nous revienne, penaud?) et elle s'est remise à sortir avec lui, mais elle a aussi continué à voir d'autres hommes. SD Emma envisage maintenant la situation d'un tout nouveau point de vue. Elle apprécie la compagnie de John, mais elle n'est même plus vraiment sûre de vouloir l'épouser. Elle est sûre, en revanche, que le fait de s'amuser a tout changé dans sa confiance, sa communication et son expérience.

Tout comme SD Emma, SD Laura, une comptable, a réussi à laisser tomber la colère pour s'amuser. Avant de se joindre à Mama Gena, Laura était très taciturne et coopérative quand elle se trouvait avec les collègues de sa firme. Elle était la seule femme dans un océan d'hommes, et elle trouvait secrètement que ses collègues et elle travaillaient trop dur et n'auraient pas dû accepter chaque cas qui se présentait à eux. Elle se sentait surmenée et isolée et elle en avait assez. Après avoir commencé à suivre les cours à l'École des arts féminins, SD Laura a commencé à laisser sa déesse intérieure s'exprimer quand elle était au bureau. Elle s'est mise à demander aux hommes d'accomplir pour elle ce qu'elle n'aimait pas faire. Elle leur a fait engager un nouveau comptable pour qu'il la décharge de sa surcharge de travail. Elle a suggéré de n'accepter que les clients qui les enthousiasmaient vraiment, et a été étonnée de constater que ses suggestions étaient toutes très appréciées. SD Laura avait été si terrifiée de se faire descendre ou critiquer qu'elle a dû faire un immense effort pour réussir à ouvrir la bouche et donner son point de vue dans les réunions. Avant qu'elle trouve le courage d'exprimer ses opinions pourtant précieuses, ses collègues n'avaient pas la moindre idée qu'elle renfermait une mine d'idées et d'avis qui pouvaient améliorer leurs affaires et rendre le quotidien plus agréable au travail.

Comme bien des femmes, SD Laura avait grandi avec les instructions : « Sois gentille » et « N'exprime pas ce que tu veux ou ce que tu ressens, surtout si cela risque de déranger. » J'appelle cela la mentalité Barbie/Disney. Quand nous acceptons d'être polie et décorative, nous ne vivons pas l'expérience féminine dans toute son ampleur. Si nous ne nous sentons convenable que lorsque nous agissons en fille Barbie/Disney, nous ne pouvons vivre qu'une vie très limitée, une vie Barbie/Disney, où tout semble platement joli et joyeux (ou va à coup sûr le devenir) et qui n'est qu'un leurre. Quand nous ne rejetons pas le modèle Barbie/Disney, nous ne pouvons pas savoir à quel point nous sommes éblouissante et nous ne pouvons pas connaître nos profondeurs les plus sombres. Oui, nous voilà de retour dans le repaire de la Déesse garce. Bienvenue à la maison !

Sans mon côté sombre, je ne serais rien. Ma rage, quand je l'utilise avec bienveillance, est l'un des instruments les plus efficaces de ma boîte à outils. En plus de ma colère, il y a ma cupidité. Sans cette cupidité, je ne possèderais pas cette maison en ville, celle au bord de la mer, ces bijoux et ces vêtements griffés que je chéris tant. Je dois aussi mentionner mon appétit sexuel – mon scandaleux et sauvage appétit sexuel. Je surmonterais tous les obstacles pour le satisfaire. En fait, c'est mon plus grand don.

Je crois que la cupidité peut être utilisée pour servir le bien de tous. Je ne laisse rien se dresser entre moi et mes désirs. Mes désirs m'ont toujours menée, et mon mari, mes amis et ma famille avec moi, vers davantage de joie. La cupidité n'est pas nécessairement un défaut. Je crois que nous sommes tous, au fond, vertueux et généreux. Nous n'agissons mal que quand nous sommes profondément insatisfaits. Si on installe une personne affamée à une table de banquet, il est inhumain et irréaliste de lui demander de laisser l'essentiel de la nourriture pour les autres. De même, les femmes sont tellement privées d'attention, de plaisir sensuel et du style de vie qu'elles désirent qu'elles s'emparent désespérément de tout cela sous n'importe quelle forme, dès que cela se présente.

Dans bien des cas, nous, les femmes, ne savons pas que nos fosses sans fond ont, en réalité, un fond. Nous pensons que l'occasion de combler nos douloureux besoins ne se présentera pas deux fois, donc, dès que nous commençons à déterminer nos besoins, nous pouvons avoir tendance à accaparer les bonnes choses qui passent devant nous. Quand nous avons l'occasion de goûter, ne serait-ce qu'un tout petit peu, à ce qui nous plaît profondément, nous pouvons avoir du mal à nous maîtriser.

Comment apprendre à vous maîtriser ? Mettez-vous au service de vos désirs. Soumettez-vous à vos désirs coûte que coûte. Gavez-vous – oui, même au détriment des autres, s'il le faut. Quand vous aurez appris à vous sentir rassasiée, vous pourrez alors aller jusqu'à aider les autres à devenir généreuses à leur tour. On ne peut pas s'attendre à ce qu'une femme insatisfaite s'élève au-dessus de la mêlée. Elle ne s'encombre pas de scrupules et cherche à satisfaire son appétit pour le plaisir. Cependant, soyez prévenue : vous soumettre à vos désirs vous apportera le bonheur, mais à condition que vous dépassiez la culpabilité.

Sœur déesse Shawn faisait partie de ces filles que les hommes apprennent à éviter. Elle avait rencontré Kevin, un homme riche dont elle avait décidé qu'il ferait un bon père, et dès qu'elle avait obtenu ce qu'elle voulait, à savoir un bébé, elle avait divorcé. Quand Mama a rencontré Shawn, celle-ci a avoué qu'elle se sentait mal de s'être mariée pour l'argent et pour avoir un enfant, ainsi que d'avoir divorcé, ce qui privait son enfant d'un père dans le foyer. En conséquence, chaque fois qu'elle sortait avec un homme, elle le forçait à jouer un rôle de père, ce qui avait systématiquement l'effet inverse de celui souhaité.

Vous vous dites peut-être que les hommes quittaient Shawn parce qu'ils ne voulaient pas se faire imposer ce rôle de père, mais, en vérité, c'était parce que Shawn était incapable d'admettre ce qu'elle voulait vraiment. Quelques semaines après avoir commencé ses cours à l'École des arts féminins, Shawn a avoué que ce qu'elle voulait vraiment, c'était que Kevin subvienne à tous ses besoins financiers; que Kevin et elle se partagent la garde de David, leur fils, afin qu'elle puisse sortir, aller danser et s'amuser avec ses amies trois soirs par semaine; retourner à l'école et sortir avec n'importe quel homme qui lui plaisait. Shawn pensait qu'elle en demandait trop.

Finalement, Shawn a proposé à Kevin de partager avec elle la garde de David, mais lui a aussi demandé de payer ses frais de scolarité pour qu'elle puisse obtenir les diplômes nécessaires pour finir par être indépendante et pouvoir s'occuper de leur fils. Et il a accepté! Au final, Kevin voulait que la mère de son fils soit autonome. Il adore David et veut que celui-ci profite de tout ce qu'il y a de meilleur — y compris une mère épanouie! Par miracle, Kevin a même accepté de payer le loyer et tous les autres frais de Shawn pendant qu'elle finissait l'école. Shawn était incroyablement heureuse et reconnaissante d'avoir le soutien total de Kevin et plus ravie encore d'avoir eu le courage de demander ce qu'elle voulait.

La morale de tout cela est que quand une femme demande et obtient ce qu'elle veut, tout le monde est content. Shawn a vraiment pu se mettre à s'amuser, puisqu'elle n'avait plus à rechercher seulement les hommes qui pourraient faire un bon père, et elle s'est rendu compte que, pour la première fois de sa vie, elle appréciait vraiment les hommes avec qui elle sortait. De plus, elle n'avait jamais vu autant d'hommes s'intéresser à elle! Dans le même ordre d'idées, Kevin était ravi que les deux personnes qui comptaient le plus pour lui, c'est-à-dire Shawn et David, soient enfin heureux. Cet arrangement lui permettait aussi de continuer à élever son fils et de continuer à être l'homme aimant et affectueux qu'il avait toujours été. David a désormais pu développer des liens profonds avec son père et sa mère, qui tous deux l'adorent. Shawn, Kevin et David n'auraient jamais vécu tout cela s'ils étaient restés une famille nucléaire, une famille traditionnelle. La plus grande responsabilité qui nous incombe, dans la vie, qui est aussi la seule route nous menant au bonheur, est de déterminer ce que nous voulons faire de notre vie et de mettre toute énergie à l'obtenir. À bas la tradition.

Je pense que le plus grand défi d'une SD consiste à découvrir quelles parties d'elle-même sont dissimulées et à les dévoiler et s'y abandonner. La colère est un territoire immense qui reste inexploré de la plupart des femmes, mais l'envie, la cupidité, la luxure et la peur peuvent aussi composer notre côté sombre. La peur est peut-être le plus sournois de ces sentiments. À l'époque où j'étais actrice, quand j'étais à l'université et jusqu'à mes trente-deux ans environ, je ne manquais pas de talent. En fait, j'étais même la meilleure actrice que j'aie jamais vue. J'avais tout pour moi : j'étais jolie, je savais chanter, j'avais une bonne oreille pour les dialectes, un impeccable sens du timing, et un registre très varié. Bref, j'avais vraiment tout ce qu'il fallait. Mais quelque chose d'encore plus gros que mon talent m'attendait au tournant : ma peur du talent. Celle-ci était plus grosse, plus intense et plus forte que quoi que ce soit d'autre. Et cette peur m'était familière – elle m'enveloppait comme un vieux manteau, j'en reconnaissais l'odeur. Quand je portais cette vieille serpillère, je me sentais en terrain connu, en sécurité.

Enveloppée dans ma peur, j'évitais de me faire tenir pour responsable de ma réussite. Je me souviens d'avoir écrit à un de mes metteurs en scène préférés, qui dirigeait aussi une troupe de théâtre, pour lui dire que je ne pouvais reprendre le rôle qu'il m'offrait pour la saison suivante. J'avais d'autres choses plus urgentes à faire dans la vie. Vous vous voulez savoir quel genre de choses ? Il me fallait rester à New York, suivre une thérapie et prendre des cours de théâtre. De toute évidence, il m'était impossible d'ajouter à mon emploi du temps un rôle dans une pièce qui aurait pu changer ma vie. Ce rôle était celui de Celia dans la pièce de Shakespeare *Comme il vous plaira*, montée par une compagnie de théâtre fantastique dans les Berkshires. Cela aurait été le rôle qui m'aurait permis de percer.

Le temps passant, alors que je vieillissais, je me suis enfoncée de plus en plus loin dans ma cachette, dressant liste après liste d'excellentes raisons de ne pas avancer dans ma carrière, de ne pas m'engager dans mes relations, de ne pas conquérir mon bonheur. Et le pire, dans tout cela, est que je justifiais mon inertie avec beaucoup de conviction. J'étais si sûre d'être en train de faire ce qui était absolument parfait pour moi.

SD Lisa n'arrivait pas non plus à accepter sa propre grandeur. Elle faisait quasiment du bénévolat dans la firme de droit de Wall Street pour laquelle travaillait. SD Lisa avait tellement de mal à demander de l'argent qu'elle ne le faisait jamais. Le temps passant, les partenaires de sa firme, la soupçonnant de manquer d'ambition, lui donnaient de moins en moins de responsabilité. Quand elle est venue voir Mama, Lisa venait de subir une baisse de salaire de 20 000 dollars par an.

Une autre de mes sœurs déesses était une peintre et potière incroyablement talentueuse. Elle avait passé les vingt années précédentes à New York à travailler en intérim (vingt ans d'intérim !), se plaignant de ne pas avoir le temps de pratiquer ses arts. Pendant tout ce temps-là, ses parents payaient son loyer pour qu'elle puisse continuer de n'accepter que des postes en intérim. Elle avait aussi pris l'habitude de ne *jamais* sortir avec qui que ce soit qu'elle puisse présenter à ses parents. Tous les hommes avec qui elle choisissait de sortir avaient vingt ans de moins qu'elle, ne parlaient presque pas anglais, ou bien étaient alcooliques ou en amour avec une autre femme.

Ouf! Ces exemples viennent toujours me chercher. On voit bien combien la peur de l'accomplissement, en particulier de nos plus grands rêves, peut nous entraver pendant des années. Je crois que les femmes sont plus souvent touchées par cette condition débilitante pour la simple raison qu'il nous est si facile d'écouter la petite voix du doute qui nous murmure : «Tu n'es pas assez belle, pas assez intelligente, pas assez bonne...» Lors de leurs premiers cours avec moi, les femmes sont un peu secouées, au départ, parce que leur vision amoindrie d'elle-même leur était très confortable. La déesse meurt d'envie de redonner aux femmes la place qu'elles méritent sur le trône de la possibilité. Cependant, c'est tout un défi que d'abandonner cette place douillette au sol pour grimper sur la scène de l'infini potentiel.

Bien des femmes ont terriblement peur de vivre toutes leurs expériences émotionnelles, spirituelles et sexuelles possibles, parce qu'elles sont intimidées par leur propre puissance intrinsèque. Quand on ne s'est jamais laissé sangloter jusqu'à en avoir les yeux bouffis, on ne peut que craindre de se faire submerger et dépasser par un tel torrent de larmes. Si on n'a jamais laissé sa rage sortir, on a sans doute peur de la laisser exploser, peur qu'elle puisse nous blesser de façon irréversible ou complètement nous détruire. Si on n'a jamais appris à jouir, on se sent effrayée à l'idée que notre sensualité refoulée nous envahisse et nous fasse oublier tout ce qui n'est pas cet avide et lancinant désir à l'état pur. Si on n'a échoué en se donnant à fond, on ne risque pas de se lancer dans quoi que ce soit, par peur du faux pas.

Mama veut vous inviter à investir vos peurs. Votre peur est un cadeau. Comme la colère, elle est un indicateur interne de votre splendeur. Évidemment, quand vous allez faire le premier pas en dehors des sentiers battus et enfin vous envoler au-dessus des eaux scintillantes de votre intelligence, vous allez avoir peur. Il vous faut considérer l'apparition de la peur comme un très bon signe, car la peur ne nous rend pas visite quand nous nous conformons aux règles et les suivons tranquillement. Souvent, la peur est un indice qui montre qu'on est sur la bonne voie, qu'on se dirige vers quelque chose de vraiment bon, de vraiment important. Vous pouvez vous exercer à accueillir la peur à votre table, à la faire entrer pour qu'elle ne reste pas dehors, dans le froid. La peur ne va pas s'en aller, alors vous feriez bien d'apprendre à valser avec elle, ma chère.

La seule façon d'échapper à nos peurs est de les dépasser. Elles sont toujours là pour nous accueillir, que nous soyons en train d'accoucher, de nous lancer en affaires, de peindre une toile ou de tomber amoureuse. Mais ceux qui nous épatent avec leur créativité et leur audace savent que la peur a tendance à s'atténuer quand on accepte son existence. Madonna, par exemple, aime se lancer dans les choses qui lui font le plus peur. Il y a quelques années, lors d'une tournée, elle a choisi de s'accompagner elle-même à la guitare. Elle n'était pas *obligée* de faire cela. Madonna sait fort bien chanter, danser et divertir, mais elle a appris à se servir de sa peur pour alimenter sa créativité, et c'est ce qui lui fait décider d'ajouter des cordes à son arc. Sans l'élément de peur, rien ne se crée. Tout ce qui vaut la peine, dans la vie, implique des frissonnements causés par l'inconnu, par ce qu'on n'a pas encore vécu.

SD Carmen a appris cela quand elle est allée passer un entretien d'embauche, récemment. L'idée de négocier cette position la rendait très nerveuse. Elle savait que ses potentiels employeurs allaient lui offrir un salaire de 70 000 $, ce qu'elle était prête à accepter, mais elle se demandait si elle ne devrait pas demander davantage. Le conseil de Mama est de demander une somme qui vous effraie. Si cela ne vous fait pas peur, ce n'est pas assez. Nous, les femmes, sommes bien trop à l'aise avec « un petit peu moins ». Prenons donc l'habitude de trouver plus confortable d'avoir « un petit peu plus ». Pourquoi Tom Cruise ou Harrison Ford devraient-ils gagner plus que Julia Roberts ?

C'est ce que j'ai dit à SD Carmen, avant de lui recommander vivement de proposer un salaire plus élevé. Elle était tout excitée à l'idée de relever ce défi et s'est entraînée à demander 90 000 $ pour son entretien. Et devinez ce qui s'est passé? L'audace de Carmen a été récompensée. Et comme elle était aux anges quand on lui proposé le poste, avec ce salaire qu'elle n'était pas sûre, auparavant, de pouvoir obtenir. Elle était absolument folle de joie! Se lancer dans l'aventure est bien plus drôle que d'accepter des compromis, alors pourquoi ne pas toujours choisir l'aventure?

SD Joy était elle aussi de ces femmes qui s'imposent des limites. Elle a également dû faire des efforts pour réussir à accepter son potentiel. Elle avait été élevée dans un foyer conservateur et pensait qu'une femme ne devait *jamais* inviter un homme à sortir. D'après ce que je voyais d'elle, Joy était un peu aguicheuse, mais elle avait trente ans et n'avait jamais eu de petit ami dont elle soit vraiment folle. Tout cela a changé quand elle a eu rencontré Mama. Un jour, elle se trouvait dans un bar, à Aspen, quand elle a aperçu un homme vraiment mignon. Absorbé dans ses pensées, il ne l'avait pas remarquée. Joy, récemment diplômée de l'École des arts féminins, a décidé de faire une chose qu'elle n'avait jamais faite auparavant. Elle s'est avancée vers l'homme et lui a lancé : «Bonjour! Comment vous appelez-vous?» Pensez-vous que cet homme aurait pu ne pas vouloir de Joy? Non seulement Rob a bien voulu d'elle, mais cela fait maintenant deux mois qu'ils sortent ensemble.

Donc, obtenir l'emploi, le salaire et l'homme qu'on veut est ce que Mama considère comme une petite victoire, mais une victoire significative. Avant de pouvoir gagner ces batailles, vous devez affronter vos simples terreurs quotidiennes. Mais, ensuite, il vous faut plonger dans les peurs plus profondes, plus graves, qui accompagnent la volonté de remettre en question le statu quo dans le but de se créer un style de vie agréable et centré sur soi-même. Plus la satisfaction peut être élevée, plus la peur de se lancer est grande.

Chaque fois que vous relevez d'immenses défis dans votre vie, que vous vous retrouvez devant des peurs existentielles, affrontez-les tête baissée, et vous verrez bien ce qui se produira. Si vous ressentez en ce moment-même une véritable terreur, je vous le dis, réjouissez-vous ! Il y a bien des chances qu'un futur vraiment excitant vous attende et vous apporte des plaisirs que vous auriez à peine cru possibles.

Il n'est pas nécessaire de vous précipiter pour démanteler toutes vos peurs d'un seul coup. Si vous continuez à faire les exercices que je vous ai donnés dans les leçons précédentes, vous aurez l'impression que plus rien ne peut vous arrêter, vous vous rendrez compte que vous devenez de plus en plus ouverte, sociable et courageuse, pleine d'entrain et d'audace, peut-être plus que vous l'auriez cru possible. Et cela, ma chère, ce n'est que le début ! Laissez-moi vous expliquer les techniques qui vous aideront à maîtriser ces quelques satanées peurs qui persistent. Préparez-vous à voir votre monde changer du tout au tout : un nombre inouï d'opportunités exaltantes vont bientôt se présenter à vous. Apprêtez-vous à les saisir !

Exercice 1 : *La lettre*

Écrivez une lettre à quelqu'un contre qui vous êtes en colère. Dites-lui tout ce que vous avez sur le cœur. Le but de cet exercice est de vous faire prendre conscience que votre rage ou votre colère n'est pas vague – elle est très précise. Elle possède des limites, vous pouvez l'exprimer et la faire se dissiper. Je ne vous recommande pas d'envoyer votre lettre de colère. Concentrez-vous sur sa rédaction, c'est ce qui est vraiment libérateur.

Après avoir écrit cette lettre, relisez-la (une ou deux semaines plus tard), afin de vérifier si vous voudriez ajouter quelque chose à ce que vous avez déjà exprimé sur ce sujet. Vous pouvez éventuellement vous concentrer sur le but qui consisterait à prendre contact avec la personne concernée et de communiquer avec elle, mais *sans* colère. La colère entrave la communication. Si vous vous rendez compte que vous êtes encore trop fâchée pour pouvoir discuter calmement avec la personne qui a inspiré la rédaction de cette lettre, faites l'exercice suivant (Le *nettoyage de printemps*) afin de dissiper ce qui reste de votre colère. Ensuite, rangez votre lettre dans un tiroir. Ne la ressortez qu'une semaine plus tard. Si elle toujours aussi négativement chargée *à ce moment-là*, recommencez à écrire, mais entamez une toute nouvelle lettre. Profitez de cette occasion pour vraiment élaborer vos propos : listez tout ce que vous aimeriez pouvoir dire, si c'était possible. Décrivez leur fautes, leurs limites, leurs insuffisances. Soyez vicieuse, soyez infâme. Laissez tout sortir. Rendez le tout pire qu'il ne l'est ! Ne vous retenez pas ! Quand tous les détails de votre colère seront décrits sur le papier, et ce papier rangé dans un tiroir, accordez-vous enfin la permission d'enterrer cette colère.

Exercice 2 : *Le nettoyage de printemps* – *La colère*

Le but de cet exercice consiste à débarrasser votre garde-robe de tous les vieux amas poussiéreux de colère, de ressentiment ou de rage qui s'y trouvent et y occupent bien trop de place. Cet exercice vous permet d'éliminer ces vieux sentiments, afin de pouvoir en accueillir des nouveaux qui soient plus positifs et amusants. Vous pouvez faire cet exercice seule ou avec une partenaire.

Le nettoyage de printemps, seule

La SD s'assoit, seule, et fait l'exercice à haute voix. Elle se pose les questions, puis y répond.

Par exemple :

La SD demande : Qu'as-tu à dire sur la colère ? (La question est toujours la même et est posée d'une voix neutre, sans expression.)

La SD répond : Je suis en colère contre ma mère.

La SD dit : Merci (d'une voix sans expression, mais pas mécanique).

Vous pouvez remplacer le terme «colère» par le nom de la personne contre laquelle vous êtes en colère, comme votre mère, votre petit ami ou votre supérieur. Faites l'exercice pendant quinze minutes, en répétant les étapes mentionnées ci-dessus autant de fois que nécessaire.

Vous pouvez également faire cet exercice avec une partenaire. Une des SD pose à l'autre la même question, encore et encore, pendant au moins quinze minutes. La deuxième SD répond chaque fois. Ensuite, vous changez de rôle. Les confidences révélées dans cet exercice doivent rester absolument confidentielles.

Exercice 3 : *Le cadeau*

Envoyez anonymement un cadeau à quelqu'un que vous détestez. Réfléchissez ensuite à ce que cela vous fait ressentir. Détestez-vous toujours cette personne ? Ou l'aimez-vous davantage ? Cet exercice est un de mes préférés, parce qu'il est inattendu. Nous ne pensons à donner des cadeaux qu'aux personnes que nous aimons bien, jamais aux personnes que nous n'aimons pas ou contre lesquelles nous sommes fâchées. Mais, quand on offre un présent à quelqu'un, on se met en réalité à l'aimer davantage. C'est agréable, d'aimer les gens – bien plus que de les détester.

Or, quand on offre un cadeau à quelqu'un, on se donne les moyens de commencer à aimer cette personne. J'ai demandé à mes SD de faire cela, un jour, lors d'un de mes cours, et cela a été l'un des moments préférés et les plus amusants de la classe. Ce groupe s'est retrouvé très soudé, parce que tous ses membres avaient réussi à gérer leur négativité en donnant des présents.

Exercice 4 : Le poème

Écrivez votre propre mantra ou poème de colère. Appliquez-vous à coucher vos pensées et sentiments de colère sur le papier, et tâchez de remarquer à quel point, le cas échéant, cela vous aide à clarifier la situation ou à vous en remettre. Quand je fais cet exercice, je me sens incroyablement soulagée et une vague relaxante me submerge. Cela vous est-il déjà arrivé? Ou ressentez-vous un tout autre sentiment? Faites cet exercice aussi souvent que vous le désirez.

Pour vous lancer sur la bonne voie, voici quelques poèmes écrits par d'autres sœurs déesses. Une SD qui suivait mes cours avait écrit un poème intitulé «Si elle aimait davantage sa colère...», dans lequel elle disait qu'«elle s'envelopperait dedans et s'en servirait comme d'une fusée pour se propulser». Une autre SD, dans « Poème de rage célébrée lors d'une soirée entre déesses », parlait de « purifier sa colère et la laisser s'envoler ». Voyez quel genre d'émotion vos mots réussissent à libérer.

Exercice 5 : Relisez la leçon 4

Exercice 6 : *Faites chaque jour une chose qui vous effraie*

Prenez bonne note de vos peurs. Avez-vous peur de vous engager ? De changer de carrière ? De dire la vérité à votre mari ou à votre meilleure amie ? De passer une audition ? D'avoir un bébé ?

Cet exercice n'a pas pour but de vous attaquer à tous vos problèmes d'un coup. Il cherche à vous aider à avancer vers vos peurs, mais en faisant de petits pas. Vous avez peur d'acheter votre première maison ou votre premier appartement ? Allez simplement visiter des maisons. Vous redoutez de sortir avec des hommes ? Accompagnez des amies ou des amis qui sortent en soirée. Vous êtes angoissée à l'idée d'avoir un bébé ? Commencez par aller faire une visite de routine chez votre gynécologue. Faire de tout petits pas vers vos rêves vous permettra d'atteindre vos buts aussi efficacement qu'en avançant à grands bonds.

～

Êtes-vous partante pour cette aventure ? Êtes-vous prête à abandonner vos craintes, ma chère ? Souvenez-vous que la colère et les autres émotions négatives sont aussi peu mauvaises que ne l'est un orage : il suffit d'enfiler un imperméable et des bottes de pluie pour aller sauter dans les flaques. Allez, suivez Mama, je vais vous montrer le chemin.

Leçon 8

L'art féminin de savoir conquérir et manœuvrer les hommes

C'est quand elle place sa joie au-dessus de toute autre valeur qu'une femme sert le mieux un homme.
Dr. Victor Baranco

Ce n'est pas toujours facile de suivre le programme d'épanouissement personnel, d'autant plus quand on a un conjoint. Cela n'a jamais simple, mais, le rythme de la vie moderne accélérant toujours, vous pourriez avoir l'impression qu'essayer d'obtenir satisfaction revient à tenter de monter à bord d'un train lancé à la vitesse de la lumière. Les règles d'interactions entre les deux genres sont constamment en train d'évoluer. On ne sait jamais si on est à la hauteur des vieilles normes, ou si on n'est pas conscient qu'il y a de nouvelles règles, si on est sur le point de vivre une déception, ou encore si on est en train de créer des circonstances dans lesquelles on ne saura pas comment agir, ou même si on s'apprête à voir apparaître des résultats qu'on n'avait absolument pas prévus.

Mais nous continuons d'essayer, parce que, sincèrement… que pourrions-nous bien faire d'autre ? Nous n'avons aucune envie d'être seules, frustrées, vides et tristes. Nous voulons trouver l'amour. Alors, nous continuons de faire des efforts pour que nos relations soient saines. Mais, comme chacun sait, peu importe à quel point elles nous enrichissent, nos relations de couple ne nous combleront jamais totalement. C'est en nous-même que nous devons trouver cela. Généralement, c'est quand nous nous adorons nous-même que nous attirons les autres.

Si vous croyez qu'un homme va vous apporter le vrai bonheur, c'est que vous êtes ivre. Oui, ivre ! Ivre des légendes de la Belle au bois dormant, de Cendrillon, de Blanche Neige. Je vais donc vous le redire, parce qu'on ne le dit jamais assez : attendre M. Parfait met votre vie et votre bonheur sur pause, tant et aussi longtemps que cela dure. Reprenez-vous ! Ces contes avec lesquels vous avez été élevée n'étaient féériques que de nom. Donnez-vous à vous-même le baiser qui vous réveille de cette longue attente. Quand vous attendez le prince, ou que vous lui avez déjà donné votre propre baguette magique du bonheur, vous obtenez un cocktail à base de, au choix, divorce, faible estime de vous-même, baisse de libido, problèmes de santé, prescriptions d'antidépresseurs, ou très longs cinq à sept destinés à vous anesthésier un peu plus afin que vous puissiez oublier à quel point vous vous êtes anesthésiée, déjà. Vous ne serez pas capable d'accepter le fait qu'aucun de vos désirs n'est comblé. Pour qu'ils le soient vraiment, *votre* puissance doit être la force principale. Bien sûr, c'est une bonne chose que votre homme vous soutienne dans vos actions, mais c'est vous, et vous seulement, qui devez ouvrir la voie.

Comment se passent vos relations avec les hommes? En êtes-vous fière? Heureuse? Vous comblent-elles? Êtes-vous ravie de votre féminité? Si c'est le cas, c'est parfait! Vous faites partie de la minorité des femmes satisfaites. La plupart des femmes que j'ai rencontrées ont une liste de complaintes contre les hommes plus longue que leur liste de désirs. Certaines ne font grief que de petits manquements aux hommes, mais d'autres se sont complètement laissées aller à leurs récriminations et sont devenues des folles fanatiques qui tiennent les hommes pour responsables du manque d'amour, de romance, de respect et de bonnes relations sexuelles dans leur vie. Je vais donc vous dire ce que je leur dis aussi : ne rejetez pas la faute sur votre homme! Une fois de plus, c'est à nous qu'incombe la responsabilité de notre propre plaisir – et non à eux.

Un si grand nombre d'entre nous entre dans le jeu des relations hommes-femmes en étant déjà à la recherche de monsieur Parfait. Nous rejetons les hommes qui ne sont pas assez riches, pas assez intelligents ou pas assez [*remplissez le champ libre*]. Il y a toujours quelque chose. Et bon nombre d'entre nous qui se rangent avec un monsieur Juste Correct ne se satisfont jamais de la vie qu'elles ont ensuite, parce qu'elles ne se sont jamais avoué à elles-mêmes ce qu'elles voulaient et n'ont jamais raconté à personne leurs véritables désirs. Un homme ne peut pas vous contenter s'il ne sait pas comment on peut vous contenter! Il ne peut pas vous aider à réaliser vos rêves s'il ne connaît pas ces derniers. Il ne peut pas vous faire monter au septième ciel au lit si vous ne lui montrez jamais le chemin. Bien que les pessimistes disent qu'on n'apprend pas à un vieux singe à faire la grimace, en vérité, tout homme est une œuvre en cours, un diamant brut, un bloc de pierre à tailler. C'est vous, ma chère, qui pouvez prendre les commandes dans le domaine du plaisir. Vous n'en reviendrez pas de voir à quel point votre partenaire sera prêt à vous suivre, une fois que vous lui aurez ouvert les portes du monde de vos désirs.

Les hommes ont tendance à rouiller et s'empoussiérer quand ils ne sont pas entourés de femmes. Nous connaissons toutes de ces célibataires de longue date qui ressemblent aux vieilleries qu'on trouve dans les greniers des grand-mères. Si un homme a été directement en contact avec une femme, s'il l'aide depuis un certain temps à combler ses désirs, sensuels ou non, une certaine partie de la force vitale de cette femme ne peut que se refléter sur lui. Un homme doit se baigner dans l'énergie d'une déesse afin d'y perfectionner tout son être s'il veut avoir l'air assez civilisé pour qu'une femme s'intéresse à lui. Vous savez qu'on entend couramment dire que les hommes les plus intéressants sont tous mariés. Eh bien, la raison pour laquelle les hommes mariés ont si belle apparence est que partout sur eux se reflète l'influence d'une femme. Évidemment, ils sont plus attirants que monsieur Célibataire qui n'est pas sorti avec une femme depuis des mois. Plus cela fait longtemps qu'un homme n'a pas eu de contacts intimes avec une dame, plus il a besoin de perfectionner son allure et sa personnalité.

Les femmes se perfectionnent *elles-mêmes* à l'aide de leur propre enthousiasme. Certaines déesses viennent en cours en disant : « Il y a tellement d'hommes fantastiques ! Je suis célibataire, et je prends tellement de plaisir à l'être, je m'amuse tant à sortir avec les hommes avec qui j'ai rendez-vous... » Ces jeunes femmes ne resteront pas longtemps célibataires, si elles ne souhaitent pas le rester. Les hommes sont irrésistiblement attirés par les femmes qui s'amusent. La raison pour laquelle les hommes trouvent enivrante une femme heureuse est que, à un certain niveau, ils savent qu'une femme qui sait s'amuser quand elle est toute seule sera capable de les apprécier. Les hommes peuvent avoir cette clairvoyance. Ils possèdent une caractéristique très importante, mais sous-estimée : ils réagissent aux femmes.

Il s'avère que j'adore l'histoire de la Belle et la Bête. C'est l'un des classiques de Disney que je suis fière de posséder et que j'aime bien regarder avec ma fille. Pourquoi ? Tout simplement parce qu'il montre la vraie nature des rapports entre les hommes et les femmes. Si une femme apprécie un homme à l'allure rustre et a une bonne opinion de lui, il se métamorphose en prince. Mama est-elle donc en train de dire que tous les hommes sont des rustres ? Eh bien, oui. Chaque homme est, à l'origine, ignorant et mal informé au sujet du monde des femmes.

J'ai un secret à vous révéler : les hommes veulent réellement contribuer à notre bonheur. Allez-y, je vous en prie, relisez la phrase précédente. Vous aviez bien lu la première fois. Les hommes veulent se joindre à vous dans la quête de votre bonheur. Ils ne savent tout simplement pas comment faire. Vous n'avez qu'à changer d'approche pour vous adjoindre les services de ces partenaires pleins de bonne volonté. Allons, détendez ce doigt crispé sur la gâchette… Vous devez arrêter d'attaquer ces hommes et apprendre plutôt à les embaucher pour qu'ils viennent vous aider dans votre cause. Quand vous commencerez à faire part de vos désirs à un homme, vous vous rendrez compte que non seulement vous êtes sur le point de créer un partenariat sans précédent, mais que cet homme est enchanté de s'impliquer à vos côtés.

Chaque fois que je donne mon cours «Mama Gena s'en remet aux hommes», je suis bouleversée, émue et profondément touchée par la bonne volonté des hommes et l'intérêt qu'ils manifestent envers ce qui nous allume. Ils veulent tout savoir : ce qui nous rend heureuses, comment nous aimons nous faire embrasser et toucher, ce que nous voulons. Ah, cela, c'est certain – ce que nous voulons représente le plus grand mystère, pour les hommes. Que veulent les femmes? C'est d'ailleurs aussi le plus grand mystère pour les femmes.

Je crois que, ce qui choque le plus mes déesses, c'est de se rendre compte que les hommes n'ont pas atteint leur forme finale. Nous sommes toutes à la recherche de cette merveilleuse âme sœur qui nous comprendra, qui lira dans nos pensées et saura nous combler. Mais nous avons été induites en erreur par le mythe du chevalier en armure, du prince, du sauveteur qui nous arrachera à l'insatisfaction de notre vie pour nous mener dans son royaume du bonheur. Dans toutes ces histoires qui reprennent cette fable, c'est l'homme qui connaît le chemin et qui écarte tous les obstacles, sans jamais avoir besoin de l'aide de sa fragile damoiselle. Eh bien, ma chérie, vous avez tout intérêt à vous ôter cette légende idiote de l'esprit le plus rapidement possible.

Inventez-vous une nouvelle histoire dans laquelle, montée sur un puissant coursier blanc, vous foncez vers votre resplendissant futur. Si vous le voulez, vous pouvez faire monter en selle un beau bonhomme derrière vous, mais c'est tout de même vous, ma beauté, qui tenez les rênes en main. C'est vous qui maîtrisez cette vision, et vous n'avez pas d'autres critères à respecter que de tout faire pour vous combler vous-même! La vie ne doit pas consister à attendre que les choses se produisent. Voici quelques principes de base qui vous vous aideront à suivre votre propre route :

Chérissez-vous vous-même

Si vous voulez qu'on vous aime, vous devez d'abord vous chérir vous-même, puis montrer aux autres comment vous apprécier et vous aimer. Cela va représenter un défi. Beaucoup d'entre nous, les femmes, n'avons jamais effectué les recherches nécessaires sur nous-mêmes pour être capables de donner aux hommes les informations dont ils ont besoin pour pouvoir nous rendre heureuses. Après tout, si nous ne savons pas ce que nous voulons, comment pouvons-nous le leur dire ? Or, non seulement nous ne prenons pas le temps d'enquêter sur nos désirs, mais nous nous attendons à ce que les hommes aient en main toutes les instructions sur ce qu'il faut faire pour nous rendre heureuses. Il est tout aussi irresponsable d'avoir cette attente que de confier la gestion d'une ferme maraîchère à un banquier. Il peut bien aimer manger des légumes, mais il ne sait pourtant absolument pas quand labourer, quand semer et quand récolter. Monsieur Banquier démontre peut-être un grand intérêt pour toutes ces choses et est peut-être tout à fait prêt à les découvrir, mais, tout comme vous, il a bien des choses à apprendre avant d'être capable de gérer cette ferme.

Vous voulez qu'il vous fasse un massage ? Qu'il récupère vos vêtements chez le nettoyeur ? Qu'il aille magasiner du linge avec vous ? Ouvrez donc la bouche ! Demandez-le-lui. C'est un bon début que de le lui demander gentiment. Parlez. Tout vaut mieux qu'un silence glacial traduisant votre espoir qu'il va finir par lire dans vos pensées. Même si vous sortez avec un médium, il ne pourra pas décrypter tout ce qui vous concerne. La balle est dans votre camp, ma chère déesse – vous devez déterminer quels sont vos désirs, puis les exprimer. Vous ne pourrez pas obtenir tout ce que vous voulez si vous ne le demandez pas.

Arrêtez d'essayer d'être la petite amie (ou femme) parfaite

Bien des femmes qui viennent me voir sont obsédées par l'idée de se figurer ce que veulent les hommes. Ces femmes se trompent de bataille. Le succès de votre vie romantique ne dépend absolument pas de l'attention que vous portez à un homme précis. Si une femme passe son temps à se tenir au service de l'homme avec qui elle sort, ce gars va vite prendre le large !

Même si la femme qui le sert est belle et riche, il ne restera pas avec elle. J'ai rencontré une sœur déesse splendide, qui venait d'une famille vénézuélienne incroyablement riche. Daniela avait trente ans et n'était pas mariée, ce qui contrariait sa famille autant qu'elle-même. D'accord, notre culture est machiste, mais la culture latine est *mucho, mucho* machiste. Cette jeune femme avait été dressée pour être jolie et polie, pour dire les bonnes choses au bon moment – dans le fond, on lui avait appris à devenir une jolie décoration de salon. Quand Daniela sortait avec un gars, elle ne se dévoilait jamais. Toutes les activités auxquelles elle et cet homme participaient tournaient autour de ce que lui voulait faire. Daniela était très impliquée dans le maintien de son état de zombie, à un tel point que la simple idée de dire la vérité à son homme créait en elle un incroyable chaos et une hystérie certaine. Quand il lui demandait : « Où veux-tu aller souper ? » elle lui répondait : « Là où tu veux. » Il lui demandait s'il pouvait l'embrasser pour lui souhaiter bonne nuit, et elle répondait : « Si tu en as envie. » Si un homme la blessait, Daniela ne le lui disait jamais. Les hommes avec qui elle sortait ne savaient jamais s'ils étaient en train de gagner son cœur ou en train de la perdre, alors, après un ou deux rendez-vous, ils la laissaient.

Le comportement de Daniela était si profondément enraciné que même Mama Gena n'a pas réussi à la convaincre de sortir de son état d'asservissement et de rechercher son propre plaisir. Bien sûr, Daniela a laissé tomber les cours de Mama Gena. Et, tout comme les hommes avec qui elle sortait, je ne sais pas exactement pourquoi. Elle ne me l'a jamais dit. Elle était polie et bien élevée, et elle collaborait chaque fois que c'était nécessaire, mais elle n'avait jamais exprimé la moindre opinion, ni le moindre désir. Elle est simplement retournée au Venezuela, chez ses parents, vivre sa vie solitaire.

Attirer un homme, de toute évidence, n'a rien à voir avec le fait d'être jolie, ou sexy, ou pleine de charme, ni d'être mince, ou d'avoir une grosse poitrine, beaucoup d'argent, un physique exotique, un accent étranger ou quoi que ce soit d'autre. Les hommes trouvent attirantes les femmes qui s'acceptent elles-mêmes, qui expriment leurs désirs et savent apprécier ces désirs en présence des hommes. Vous devez avoir assez confiance en vous-même pour littéralement annoncer au monde ce que vous aimez. C'est fascinant de voir une femme heureuse de vouloir ce qu'elle veut, et les hommes trouvent irrésistible ces femmes comblées.

Souvenez-vous qu'un homme adore voir une femme qui s'amuse, et qu'il adore pouvoir rendre les choses encore plus amusantes. Mais cet homme sait aussi, d'une certaine façon, qu'il ne peut pas assumer la totale responsabilité de l'épanouissement d'une femme. Une femme timide qui n'exprime pas totalement ses désirs ne trouvera jamais d'homme, mais une femme timide qui les énonce doucement peut attraper n'importe quel homme dans ses filets. Pensez-y, ma belle. Si vous ne me croyez pas, penchons-nous sur une autre force dynamique qui entre en jeu dans les rapports entre hommes et femmes.

Cessez d'être désespérée

Je suis bien placée pour le savoir, je l'ai vécu. Quand j'ai rencontré mon mari, cela faisait longtemps que je n'avais pas eu d'homme dans ma vie. Je me suis jetée sur lui. Un des professeurs de Bruce lui avait conseillé de jeter un bon gros morceau de viande dans ma cage avant d'entrer, la prochaine fois qu'il irait me voir. Oh oui, j'étais affamée ! Ce que j'ai appris de la façon dont je me suis comportée à l'époque, c'était qu'une femme doit savoir gérer son excitation. Une fille excitée n'est pas attirante. Quand un homme voit une femme excitée, il se dit « Ouf, elle est insatiable ! Je ne vais jamais pouvoir la contenter ! »

L'excitation sexuelle n'est pas permanente. Elle est temporaire si la femme accepte de se donner du plaisir à elle-même, de s'accorder de l'attention et d'accepter l'attention d'autres personnes que l'homme avec lequel elle espère finir. Un homme peut donner du plaisir à une femme comblée, parce qu'elle n'a pas besoin de lui, elle est déjà heureuse. Il peut alors être le glaçage sur le gâteau. C'est beaucoup trop de pression que d'être à la fois le glaçage, le gâteau et le pâtissier. Or, c'est-ce qui arrive quand une femme rend un seul homme responsable de l'entièreté de son bonheur.

Une fille qui voit les mots « mari potentiel » tatoués sur le front de tous les hommes qu'elle rencontre ne tient en aucun cas compte de ses propres désirs, et elle ne fait même pas vraiment attention aux hommes qui entrent dans sa vie. Elle est seulement en train de se faire une petite séance de satisfaction personnelle. C'est intéressant, d'ailleurs, car il arrive souvent qu'une femme obsédée par le mariage qui vient prendre des cours particuliers me dise : « Je veux un mari, mais il n'y a aucun gars convenable nulle part... » Je sais alors immédiatement que cette femme va avoir besoin d'une intervention d'urgence de Mama Gena. Avant toute chose, elle doit remarquer qu'il y a des millions d'hommes merveilleux. Si elle est prête à prendre l'engagement de s'amuser, peu importe où elle se trouve, avec les gens qui se trouvent aussi là, elle n'aura pas à chercher le bon gars. C'est lui qui la trouvera.

Donc, une femme qui veut trouver un mari peut tout simplement abandonner la poursuite directe de ce but et se mettre à apprécier les hommes déjà présents dans sa vie. Elle devrait dire aux hommes avec qui elle passe du temps ce qu'elle souhaite vraiment. Quand une femme se lance dans le mariage sans s'être auparavant exercée à apprécier la compagnie des hommes, c'est comme si elle s'engageait à participer à un marathon sans même s'être entraînée à courir sur un kilomètre.

Remettez la garce dans sa cage

Quand vous commencez à ressentir cette impression d'autosatisfaction dans une relation, la mort est proche. « Il devrait faire ceci, puisque j'ai fait cela », « Il a intérêt à faire cela, sinon... ! », « Je mérite bien *cela* ! »... Toutes ces phrases sont des indices que vous risquez bientôt de vous sentir très, très seule. C'est à un moment comme celui-ci que toute SD doit choisir entre le plaisir ou la colère. Vous vous retrouverez souvent à ce carrefour dans une relation de couple :

« Dois-je choisir le plaisir ou la colère ? » À ce sujet, un des conseils les plus fantastiques que j'aie reçus portait sur la façon d'adoucir le grincement dans ma voix. Je ne m'étais jamais rendu compte que tant de colère et d'impatience envahissait ma voix quand je parlais aux hommes avant qu'on me le fasse remarquer.

J'ai commencé à adoucir mon grincement à l'âge de trente-trois ans, juste après avoir rencontré Bruce. Le pauvre Bruce était en train de se prendre en plein visage mes trente-trois années de déception, de colère et de frustration par rapport aux hommes, que je ne savais même pas que je ressentais (« Qui ? Moi ? ») Grâce à mon ami J.B., je suis entrée dans la « police du ton » et ai atténué la dureté dans ma voix avant qu'elle ne détruise ma relation avec Bruce. Quand je demandais quelque chose à Bruce ou que je lui disais quelque chose, je lui parlais en amie, pas en ennemie.

C'était du moins ce que je faisais quand je me souvenais que j'étais dans la police du ton, mais, parfois, j'oubliais. Bruce m'a alors donné des coups de main. Quand la tension montait, il m'aidait à trouver une façon plus amicale de communiquer. Heureusement, il avait un grand sens de l'humour. Il me disait, par exemple : « Je ne demande pas mieux que de faire cela pour toi, mais peut-être pourrais-tu me le demander plus gentiment ? »

De nos jours, quand les femmes détestent se trouver là où elles sont, elles se sentent victimes et leur réaction première est de s'en prendre violemment à l'homme dont elles pensent qu'il les a placées là. Sauf qu'aucun homme ne nous a placées nulle part, nous sommes tous les produits de notre époque, de nos influences, de nos circonstances. Nous sommes tous dans la même galère. Les hommes sont peut-être ignorants quant aux femmes, mais leurs mères et sœurs et petites amies et femmes les ont laissés l'être. Nous pouvons faire mieux. Nous pouvons commencer à nous dire la vérité les uns aux autres – gentiment. Nous pouvons faire part de notre perspective aux hommes d'une façon amicale et qui bénéficiera aux deux parties. Cela peut représenter un défi incroyable pour une garce grincheuse. Mais, quand elle aura adopté une approche plus douce, plus gentille, elle sentira sa colère se dissiper et son sentiment d'épanouissement se développer. Est-ce que ce n'est pas un compromis intéressant ?

Allez à des rendez-vous galants préventifs

Quand SD Charlotte est venue suivre son premier cours avec Mama, elle était à peine capable de citer un seul de ses minuscules désirs. Maintenant, elle en sait beaucoup plus sur ce qu'elle aime, et est, par la même occasion, bien plus susceptible de trouver un homme. Au départ, elle a découvert qu'elle aime aller au restaurant toute seule, pour prendre le temps d'appeler ses amies et d'organiser des cinq à sept intimes. Pendant le troisième cours, Charlotte m'a demandé s'il était parfois acceptable d'appeler un homme. « Bien sûr, lui ai-je répondu. Oui, oui, trois fois oui ! » (Cette réponse vaut si vous pétillez de joie et de désir. Dans ce cas-là, appeler un homme est une idée fantastique. Mais, si vous appelez par désespoir, ce n'est sans doute pas la meilleure idée du monde, tout simplement parce que les gars sentent le désespoir et qu'ils n'y réagissent pas de la meilleure manière !) Ainsi, SD Charlotte a appelé un homme. Ils sont sortis ensemble. Elle ne s'est pas beaucoup amusée, mais elle était fière de s'être aventurée au-delà de ses anciennes limites. La semaine suivante, Charlotte est allée à un pique-nique et a flirté avec des hommes qu'elle ne connaissait pas. Elle a demandé à l'un d'entre eux de la raccompagner chez elle. Il l'a fait et elle lui a demandé son numéro de téléphone. Ils sont sortis ensemble quelque temps plus tard et Charlotte s'est rendu compte que, *lui*, elle l'aimait vraiment bien.

Mais Charlotte continue d'organiser ce que Mama appelle des « rendez-vous galants préventifs ». Elle sort avec plusieurs gars en même temps, pour s'amuser en permanence sans mettre tous ses œufs dans un même panier. Même quand une femme a rencontré un homme dont elle pense qu'il pourrait être le bon, elle devrait tout de même, tout comme Charlotte, continuer à sortir avec plusieurs hommes, afin de ne jamais se laisser abattre. Quand vous sortez avec un homme avec qui vous pourriez envisager de vous marier, toutes ses réactions deviennent anormalement importantes. Quand vous vous entendez bien, tout va bien, mais si vous êtes dans une période difficile, c'est une bonne chose qu'un autre homme vous rappelle que vous êtes belle, attirante et merveilleuse. Ce n'est avantageux pour personne que vous laissiez l'opinion que vous avez de vous-même dépendre de l'appréciation d'un seul homme à votre égard. Les rendez-vous galants préventifs vous permettent de rester consciente de toutes vos qualités en tout temps.

Ne jetez pas l'éponge trop rapidement

Un des plus grands barrages qu'on puisse rencontrer sur l'autoroute qui relie hommes et femmes est cette tendance qu'ont les femmes à abandonner leur véhicule avant même de s'être lancées sur la route. Quand nous rencontrons un homme qui n'est pas assez riche, nous faisons une croix dessus. Quand nous rencontrons un homme qui ne sait pas bien embrasser, nous le chassons de notre vie.

Bien des femmes avouent leur défaite dès que leurs désirs rencontrent le moindre défi. C'est ce que SD Claudine a fait, et cela lui a coûté l'amour de sa vie. Claudine sortait avec un homme qui s'appelait Ralph et venait de Detroit. Elle pressentait qu'il était « le bon » et l'annonçait volontiers à tous – jusqu'à ce que, un jour, une autre femme apparaisse dans le tableau. Ralph est sorti avec cette femme quelques fois, tout simplement pour explorer de nouveaux territoires. Quand Claudine a entendu dire qu'il sortait avec une autre femme, elle a mis fin à leur relation. Sans même expliquer à cet homme pourquoi elle le quittait, Claudine l'a laissé. Ce qui s'est passé, c'est que Claudine avait décidé, toute seule, que Ralph allait sans doute lui préférer cette autre femme. Le sentiment d'insécurité de Claudine quant à ce qu'elle pouvait offrir à Ralph, et au monde en général, s'est dressé entre elle-même et ses rêves.

Claudine a eu l'impression d'avoir eu raison quand Ralph a continué à sortir avec cette autre femme, puis l'a épousée. Mais que pouvait-il bien faire d'autre ? Claudine s'était retirée du jeu avant même que celui-ci ne commence. Ralph n'avait jamais eu l'occasion de choisir entre elle et l'autre femme. On peut adopter un tout autre point de vue pour analyser cette histoire : Ralph a peut-être épousé cette autre femme par dépit, pour se remettre d'avoir été abandonné par Claudine. Mais, comme celle-ci avait déjà renoncé à sa place dans la vie de Ralph, elle ne saura jamais réellement ce qui s'est passé. À vaincre sans péril, on triomphe sans gloire. Une femme doit avoir le courage de ses convictions pour pouvoir gagner au jeu des relations hommes/femmes.

Prenons un exemple concret. Bernie était un homme absolument adorable, récemment divorcé, qui tournait autour de mes sœurs déesses. Pendant un bon moment, il n'a intéressé personne. Son divorce l'avait un peu fait souffrir et aucune de mes déesses ne voyait le prince qui se cachait sous la grenouille. Tout ce dont Bernie avait besoin pour faire ressortir sa beauté, c'était un baiser, mais personne ne voulait se salir les lèvres de sa bave. Puis est arrivée Amy.

SD Amy est sortie avec Bernie, et, en partant, elle s'est dit : « Oh, c'est incroyable ! Je viens de rencontrer l'homme que je vais épouser ! » Mais Bernie, lui, pensait : « Elle est vraiment gentille. Dommage que cette relation ne puisse nous mener nulle part. »

Après tout, Bernie venait tout juste de se sortir d'un divorce pénible et ne pouvait même pas s'imaginer qu'une relation puisse évoluer de façon positive. Il n'avait jamais été dans une relation qui se passe bien. En fait, il n'avait même jamais vu personne vivre de relation positive !

De toute évidence, Amy avait du pain sur la planche. Mais, en bonne déesse en pleine floraison qu'elle était, elle a relevé ce défi. Un des côtés les plus nobles d'Amy était sa volonté à investir dans sa relation avec Ernie sur le long terme et à célébrer avec lui toutes les petites victoires qu'ils pouvaient connaître en chemin. Elle voulait un mari et elle voulait une famille, alors elle a fait ce qu'il fallait pour entraîner Bernie avec elle dans son rêve. Comme Bernie était réticent à l'idée de sortir exclusivement avec elle, Amy s'est dit que, puisqu'elle était célibataire, elle pouvait aussi bien sortir avec d'autres hommes. C'était une bonne idée. Non seulement cela a aidé Amy à se rappeler à quel point elle était attirante et amusante, mais elle s'est aussi rendu compte, après avoir parlé aux autres hommes avec qui elle était sortie, qu'elle imposait bien trop de pression à Bernie depuis le début et qu'il était temps de se détendre. De plus, voir Amy sortir avec d'autres hommes a rendu Bernie jaloux. Il a pris conscience qu'il adorait qu'Amy fasse partie de sa vie et qu'il ne voulait pas risquer de la perdre. Ainsi, Amy a fait le nécessaire pour que Bernie subisse moins de pression, et Bernie s'est mis à mieux réagir à la présence d'Amy dans sa vie.

Ils s'amusaient tellement ensemble qu'au bout de quelques mois seulement, Amy s'est dit que, pour franchir une nouvelle étape, ils pourraient envisager de vivre ensemble. Quand elle a proposé cela à Bernie, il a hurlé « Non ! », mais Amy était assez maligne pour se souvenir de la grande maxime de Mama Gena : « Prêtez moins d'attention à ce que dit un homme qu'à ce qu'il fait. » Amy a remarqué que, bien que Bernie fasse la grimace à l'idée de toute forme d'engagement, il dormait chez elle presque toutes les nuits. Après que leurs chaussons aient dormi côte à côte pendant un an, Amy a décidé de faire payer un loyer à Bernie. C'est alors que celui-ci a suggéré qu'ils commencent à chercher un endroit à acheter ensemble. Amy était ravie. Elle a célébré l'événement. Elle s'est réjouie. Enfin, ils avançaient !

Et elle avait raison. Deux ans plus tard, Bernie et Amy étaient mariés. Mais, ma chère, dans toute histoire, le plus important est que SD Amy avait dès le début vu en Bernie l'homme de sa vie. C'est ce qui a constitué la clé de ses incroyablement bons résultats. Si cette maligne SD n'avait pas été si sûre de ses désirs, la résistance de cet homme aurait eu raison de leur relation. Mais Amy n'a pas abandonné ses rêves et en a été récompensée.

Appréciez de vous voir opposer un peu de résistance

D'accord, me direz-vous peut-être, mais pourquoi s'embêter à suivre ses désirs à tout prix quand on rencontre une telle résistance ? Je vous répondrais que cette résistance rend l'expérience encore plus amusante, que ce sont les obstacles qui mettent du goût et de la couleur dans la vie. Vous ne pouvez imaginer la joie et la gaieté qui régnaient lors du mariage d'Amy et Bernie. Ou à quel point ils aiment se remémorer la période où ils se courtisaient, tout en faisant sauter leur bébé sur leurs genoux. La résistance est l'étoffe dont sont faits les grands romans, les poèmes et les histoires d'amour qui traversent les siècles. En tant que femmes, nous voulons être les héroïnes de notre propre roman et vivre de gloire et de la puissance de l'amour et de la passion. Ulysse et Pénélope, Elinor Dashwood et Edward Ferrars, dans *Raison et sentiments*, de Jane Austen, ou Mina et le prince Vlad du *Dracula* de Bram Stoker, toutes ces histoires montrent à quel point cela vaut la peine de ne pas se laisser abattre par les obstacles.

Les femmes me demandent souvent si leur homme leur oppose en réalité trop de résistance pour qu'elles puissent en faire quelque chose. Je ne crois pas que ce soit possible. Je pense que vous pouvez décider de vous attaquer à n'importe quel niveau de résistance, tant que cela ne cesse pas d'être amusant, pour vous. Si vous sortez avec un gars qui dit trop souvent *non* à votre goût, tant pis – passez votre tour. Trouvez un homme qui dise *oui* plus facilement. Cela signifie pas que le premier, qui disait *non*, soit impossible à conquérir. Cela signifie simplement que ce que vous voulez est un homme qui vous oppose moins de résistance. Il y a des millions d'hommes dans le monde. Comme le disait ma grand-mère, chaque pot a son couvercle. Allez vous dénicher un homme avec qui la vie soit amusante. Ce qui compte, c'est l'amusement. Les gens croient que, ce qui compte, c'est l'amour ou l'engagement. Mais ce n'est pas le cas. On aime les gens avec qui on s'amuse. Un homme avec qui vous vous amusez va vous aimer pour toujours. L'engagement ne mène pas à l'amusement. L'amour ne mène pas à l'amusement. Les gens peuvent parfois faire des choses très violentes, très blessantes, au nom de l'amour ou de l'engagement. Tandis que l'amusement mène toujours à l'amour.

Montrez-lui votre appréciation

Je suis sûre que vous connaissez des femmes qui sont des garces incroyablement exigeantes en présence de leur mari. Quand cela arrive, tout le monde pose la même question : « Mais pourquoi est-il encore avec elle ? » Pour moi, les raisons pour lesquelles un homme reste avec une mégère exigeante sont évidentes. Cette femme sait de toute évidence bien utiliser son mari – elle dépense l'argent de celui-ci, élève ses enfants et l'aide à donner un sens à sa vie. Elle fait le nécessaire pour obtenir ce qu'elle veut et apprécie cet homme juste suffisamment pour le garder. Attention, Mama n'est pas en train de vous recommander d'imposer à votre homme ce régime exclusivement composé d'exigences – cela n'apporte jamais le bonheur. Mais, dans l'ensemble, je dirais qu'être une garce exigeante vaut mieux que de ne jamais ouvrir la bouche et ne jamais dire à votre homme ce que vous voulez.

Le mieux serait encore d'apprécier et d'aimer cette personne spéciale de votre vie. Pour qu'un homme ait envie de rester dans une relation, il a besoin de recevoir l'approbation de sa femme au moins une fois de temps en temps.

Si vous êtes plus exigeante qu'approbatrice, votre homme finit par vous quitter.

Bon, penchons-nous de plus près sur ce que Mama veut dire quand elle parle d'approbation. Quand j'aborde ce sujet pour la première fois, de nombreuses sœurs déesses veulent savoir ce qui peut constituer une bonne façon d'approuver ce que fait leur homme. Elles veulent leur exprimer leur approbation. Je leur explique alors que montrer son approbation à son homme peut être aussi simple que de dire « Menoum ! » quand il nous tend un morceau de notre gâteau au chocolat préféré, ou de lui sourire quand on le voit, au loin, de l'autre côté d'un bar bondé, ou encore de s'assurer, quand vous le rencontrez pour la première fois, qu'il se rende compte que vous vous dites « Oh là là ! », ou même seulement « Il est beau. » Cela revient à aimer vivre avec lui. C'est bien cela, le plus compliqué : le fait d'apprécier la vie avec lui. La plupart des femmes dont je croise le chemin fonctionnent malgré un déficit chronique. Elles ne reçoivent pas assez d'attention, ne ressentent pas assez de plaisir, ont une vie sexuelle sous-développée et ne sont pas comblées. Quand une femme au régime si contraignant voit pour la première fois un homme qui lui semble à peu près bien, elle se rue dessus comme quelqu'un qui se noie se jette sur le maître nageur. Et son désespoir menace de les faire se noyer tous les deux.

Guidez-le dans la bonne direction

Les hommes ont besoin de se faire donner beaucoup d'instructions, mais ce que nous retirons de tous ces efforts que nous leur consacrons est formidable. Les hommes s'élancent avec enthousiasme dans n'importe quelle direction que nous leur pointons. Par exemple, si vous dînez ensemble au restaurant et que vous adorez l'endroit choisi, votre homme aura probablement envie de retourner là chaque fois que vous sortez. Vous, en revanche, aurez peut-être plutôt envie d'essayer de nouveaux restaurants lors de vos prochaines sorties. C'est à ce moment précis que vous devez expliquer à votre gars à quel point vous avez aimé ce restaurant, mais combien vous aimeriez vivre une tout autre expérience la fois suivante. Vous n'avez pas à vous imposer des limites parce qu'un homme est différent de vous, et vous n'êtes pas tenue non plus de vous conformer à sa vision. Restez fidèle à vos désirs et entraînez gentiment votre homme dans votre sillage.

Il y a des années, mon mari m'a emmenée souper dans un restaurant italien, et nous avons commandé du tiramisu pour le dessert. J'ai tellement aimé cela que je me suis répandue en compliments. Voyant cela, mon mari m'a rapporté dès le lendemain soir un autre de ces exquis desserts, qu'il avait trouvé dans une épicerie. Deux jours plus tard, il s'est arrêté dans un autre restaurant italien et m'a acheté un nouveau tiramisu. Et cela a continué ainsi, jusqu'à ce que mon réfrigérateur soit rempli de tiramisus. Au départ, je lui en étais très reconnaissante. Puis j'ai eu envie de lui dire d'arrêter, mais je ne savais pas comment m'y prendre pour ne pas le blesser. Mais, quand le cinquième tiramisu est venu s'installer dans mon réfrigérateur, son enthousiasme m'a finalement submergée et même agacée. J'ai crié « Mais tu vas arrêter, avec tes tiramisus ! » Une fois la poussière retombée, j'ai dit à Bruce que j'adorais les sucreries, mais que je n'avais envie d'en manger qu'une fois de temps en temps. Je lui ai précisé que, s'il voulait me faire régulièrement des petits cadeaux, des fleurs me feraient bien plaisir. Les fleurs meurent, alors il est toujours utile d'en recevoir des fraîches pour remplacer les précédentes. Pour garder le cap dans les relations entre hommes et femmes, il faut dire la vérité, gentiment, une chose à la fois.

J'imagine que vous avez remarqué que, dans l'exemple que je viens de vous donner, ce n'est pas ce que j'ai fait. J'ai plutôt crié sur mon chéri. Et, en effet, parfois, on manque son coup. Ce sont des choses qui arrivent. Mais, le plus merveilleux, dans ce jeu de la vie qui rassemble les hommes et les femmes, c'est combien ses règles sont indulgentes. C'est le jeu le plus intense auquel on puisse jouer sur cette planète. Il fait ressortir le meilleur de nos personnalités, ainsi que le pire, et tout ce qu'il y a entre les deux. Et on y a presque toute la latitude pour commettre toutes les erreurs possibles, tant qu'on continue à s'amuser. Voyez-vous, les hommes ne restent pas avec les femmes parce qu'ils trouvent que l'*engagement* est fondamental, dans la vie. Regardez le taux de divorce. Quand ce n'est plus amusant, ils s'en vont. En fait, c'est même souvent assez difficile de se débarrasser des hommes, car ils peuvent continuer de s'amuser avec nous, même si nous sommes en train de leur crier dessus. Quelques jours d'amusement au début d'une relation peuvent faire rester un homme pendant des années. Regardez Liz Taylor et Richard Burton – il l'a carrément épousée *deux fois*. Il savait dans quoi il se lançait, mais le plaisir qu'ils prenaient ensemble devait vraiment être phénoménal.

Bruce et moi rions, maintenant, de l'épisode du tiramisu. Il m'a bien fallu dix ans avant d'être capable d'en manger de nouveau. Et il m'offre effectivement des fleurs, chaque semaine. Je ne cesse d'essayer d'améliorer mon mode de communication, afin de continuer à trouver des façons douces et gentilles de lui confier mes vérités intimes. Les hommes et les femmes sont vraiment étrangers les uns aux autres, et l'union de deux personnes aussi différentes est une question délicate. Un tel partenariat est toujours une expérience, un ouvrage à sans cesse remettre sur le métier. Cependant, nous, les femmes, devrions nous concentrer davantage sur la façon de rendre plus positifs les messages que nous voulons faire passer aux hommes dans nos vies. Quand nous nous donnons le mal de leur faire part de nos désirs, les hommes nous en sont reconnaissants et y sont très sensibles, même si ce n'est pas nécessairement évident au premier coup d'œil.

Suivre les étapes du cycle de formation

Formation? Mais de quoi donc parle Mama? D'après le Petit Robert, dans cet emploi, le verbe *former* signifie « exercer ou façonner l'esprit ou le caractère de quelqu'un. » En d'autres termes, vous devez fournir à votre partenaire des informations qui vous le rendront indispensable. Vous vous demandez peut-être si c'est une façon convenable de traiter un homme. C'est tout à fait honnête. Quand une femme forme son homme, elle ne se contente pas de prendre, elle lui donne aussi beaucoup.

Ce système m'a beaucoup aidée au fil des années. Le cycle de formation est un cycle de communication en trois volets qui vous permet d'obtenir en douceur ce que vous voulez. Il décompose les grandes vérités en petites parties plus faciles à gérer. Il arrive qu'on soit capable de lister quatre mille choses différentes qu'on voudrait voir s'améliorer chez notre partenaire. Il n'y a aucun problème avec cela, mais il vous faut lui présenter ces choses une par une. Il ne pourra pas gérer quatre mille changements à la fois. C'est tout à votre avantage que d'être patiente. Le cycle de formation vous aide à vous concentrer sur un point dont vous souhaitez l'amélioration immédiate, et à le faire de façon agréable et sympathique. (Au fait, sachez que ce cycle de formation peut être appliqué à n'importe qui – homme, femme, enfant, employeur...) Voici comment il fonctionne :

1. Montrez à votre partenaire ce qu'il fait de bien.

2. Donnez-lui un problème qu'il soit capable de résoudre.

3. Montrez-lui votre reconnaissance.

Ainsi, si on applique cette méthode à mon épisode du tiramisu, voici comment se décomposent les étapes :

1. Bruce, tu es adorable et je veux te remercier du fond du cœur pour les tiramisus.

2. Pourrais-tu plutôt m'apporter des fleurs, la prochaine fois ?

3. Merci.

Cela semble un peu tiré par les cheveux, n'est-ce pas ? Peut-être, mais après tout, est-ce bien grave ? On m'a raconté tant de tentatives de résolutions de problèmes qui tournaient au vinaigre. Pourquoi ne pas essayer une méthode grâce à laquelle votre homme obtient appréciation et satisfaction, et qui vous donne les moyens de satisfaire un autre de vos désirs ? Essayez donc, pour voir où cela vous mène, vous et votre partenaire. Vous pourriez bien être surprise de constater à quel point vous vous mettez à utiliser cette technique.

Quand vous avez commencé à énoncer vos désirs à votre homme avec gentillesse, vous êtes sur la bonne voie. Tout ce qu'il vous reste alors à faire est de vous entraîner, encore et encore et encore. Il n'en faut réellement pas plus pour devenir une excellente formatrice d'hommes. Entraînez-vous à prêter attention à votre plaisir et vos désirs, puis à trouver des façons de faire part de tous les détails de ceux-ci à votre partenaire, et avec gentillesse. C'est vous qu'il veut connaître, et non une version fausse et factice de vous. Donnez-lui tout ce que vous êtes, tout votre être, et plus jamais vous ne voudrez être séparée de lui. Et il ressentira la même chose. Vous allez être stupéfaite de constater que cette technique pourtant simple répond autant à vos besoins qu'aux siens. Cette méthode nous a rapprochés, mon mari et moi-même, encore plus que nous l'étions. Bruce est mon meilleur ami. Quand il n'est pas là, il me manque, et j'ai hâte de lui raconter tous les détails de ma journée. Soyez patiente, continuez à lui raconter vos désirs. La proximité qui en résulte vaut bien le temps que cela peut prendre. Il nous a fallu douze ans, à Bruce et moi, pour nous rapprocher à ce point.

Si vous êtes encore en train de chercher celui qui sera « le bon », commencez tout de même à former celui avec qui vous êtes présentement. Formez votre frère, formez vos fils, formez votre patron, formez un ami. Empruntez cette voie, et appliquez le cycle de formation. La pire chose qui puisse arriver serait que vous laissiez derrière vous une ribambelle de gars qui tiendront en main davantage d'atouts que quand vous les avez rencontrés. Ils auront appris quelques vérités sur les femmes. Or, les hommes en sont habituellement sérieusement privés. De plus, vous pourrez bien penser ou avoir l'impression d'être en train de former ces hommes, vous serez en fait également en train de vous former vous-même. Le plus formidable résultat de tous vos efforts sera la découverte de ce que *vous* aimez.

Exercice 1 : Un questionnaire sur votre façon de conquérir et manœuvrer les hommes

Déterminez le niveau de vos compétences de formatrice et à quel point vous êtes préparée à aborder cette étape grâce à ce questionnaire :

1. *À quel point êtes-vous prête à accueillir un homme dans votre vie ?*

   A. Y a-t-il plus d'une serviette dans votre salle de bains ?

   B. Y a-t-il de la place libre dans votre placard ?

   C. Y a-t-il une table de nuit de chaque côté de votre lit ?

   D. Avez-vous un lit double, ou un lit encore plus grand ?

Si vous avez répondu *non* à au moins une de ces questions, soyez prête à apporter quelques changements à votre vie. Si votre vie est prête à l'accueillir, il viendra s'y installer.

2. *Comment réagissez-vous quand un homme vous résiste ? S'il ne vous appelle pas dans les vingt-quatre heures qui suivent un rendez-vous :*

   A. Vous faites une croix dessus et criez « Au suivant ! »

   B. Vous l'appelez pour lui parler du merveilleux moment que vous avez passé avec lui.

   C. Vous attendez son appel sans vous en faire et tout en prenant du bon temps avec d'autres hommes, et êtes sincèrement excitée quand il vous appelle enfin.

Si vous avez choisi l'option A, vous laissez l'homme diriger la situation et ne prenez pas la responsabilité d'assumer vos moments de divertissement. Si vous avez choisi l'option B, votre cas n'est pas désespéré. Je vous donne des points supplémentaires si vous avez l'option C.

3. *Quand un homme dit non à l'une de vos demandes* :

A. Vous lui criez après et le faites vous-même.

B. Vous cessez de désirer ce que vous vouliez à l'origine, et oubliez même totalement de quoi il s'agissait.

C. Vous êtes capable de voir en quoi cela va être encore plus amusant pour vous de charmer votre homme pour l'amener à trouver votre idée géniale.

Si vous avez choisi l'option A ou l'option B, vous n'exploitez pas tout le potentiel de cet homme. Si vous abandonnez aussi facilement, vous n'obtiendrez jamais ce que vous voulez. Soyez prête à demander les choses plus d'une fois. Si vous avez choisi l'option C, vous savez déjà former les hommes avec une grande maîtrise.

4. *La meilleure façon de rendre un homme heureux consiste à* :

A. Faire tout ce qu'il veut.

B. Le remercier pour toutes les merveilleuses choses qu'il fait pour vous.

C. Apprécier votre vie et vous assurer que vous obtenez tout ce que vous désirez.

On peut penser que l'option A est la réponse évidente, mais, en réalité, votre homme cessera de vous trouver intéressante si vous ne l'utilisez pas pour votre plaisir. L'option B représente un bon début, mais il ne faut pas s'arrêter là. La chose la plus attirante qu'une femme puisse faire pour un homme est de le laisser lui rendre service. Ainsi, réfléchissez pour déterminer ce que vous voulez, puis dites-le-lui. Si vous avez choisi l'option C, vous êtes probablement mariée, ou vous avez de nombreux petits copains, tous fous de vous.

Exercice 2 : *Le cycle de formation*

Le cycle de formation est une méthode de communication qui nous permet d'obtenir gentiment ce que nous voulons de qui que ce soit. La plupart des femmes répondent systématiquement *non*, par réflexe, quand on leur fait une proposition, et en particulier si c'est un homme. Voyons, nous pouvons le faire nous-même, bien sûr ! Pourtant, l'une des plus belles choses que nous puissions faire pour un homme consiste à le laisser nous rendre service. Dites *oui* chaque fois qu'un homme vous propose de faire quelque chose pour vous. Conseillez votre homme, afin qu'il ne fasse les choses pour vous que de l'exacte façon qui vous convient.

Le cycle de formation

1. Montrez à votre partenaire ce qu'il fait de bien.

2. Donnez-lui un problème qu'il soit capable de résoudre.

3. Montrez-lui votre reconnaissance.

Exercice 3 : *Apprendre les trucs des pros*

Regardez des films qui racontent des histoires dans lesquelles des femmes assurent la formation des hommes. Dans des films comme *Chaussure à son pied* ou *La Reine africaine*, vous pouvez observer des SD en action, tandis qu'elles sont en train de former leurs hommes.

Dans *Chaussure à son pied*, vous pourrez remarquer comment Maggie mène Will vers les buts qu'elle s'est fixés à elle-même, l'un après l'autre, sans jamais se laisser arrêter par sa résistance. Tâchez de voir combien elle apprécie, en réalité, ce jeu dans lequel il essaie de lui résister. Essayez d'appliquer les techniques de Maggie à votre propre vie.

La Reine africaine montre bien comment la vision d'une femme peut faire d'un homme un héros, quand il la soutient dans son chemin vers ses buts. Ce voyage, dans ce film, voit aussi naître une grande romance – qui pourrait désirer davantage qu'un homme fantastique qui soit tout à la fois héros et amant !

∽

Le but, ici, consiste à réussir à obtenir ce que vous voulez des hommes de votre vie – ce qui représente ce que vous pouvez leur offrir de plus beau. Voulez-vous explorer davantage l'immense pouvoir de vos désirs et ses retombées sur le monde ? Tant mieux, parce que c'est exactement ce que nous allons faire dans le prochain chapitre.

Leçon 9

L'art féminin de savoir inviter l'abondance

Je libère maintenant la mine d'or qui est en moi.
Je suis en lien avec un infini et précieux torrent de prospérité
qui arrive jusqu'à moi par la grâce et d'une manière parfaite.
FLORENCE SCOVEL SHINN, Le jeu de la vie et comment le jouer

Si vous êtes comme la plupart des nouvelles étudiantes de l'École des arts féminins, vous n'avez pas la moindre idée de ce qu'est votre potentiel de prospérité. Les moissons de votre vie pourraient être tellement abondantes que, au départ, vous ne reviendrez pas de votre immense capacité à créer! Avant, vous rêviez d'avoir «votre propre chambre», maintenant, c'est le temps de vouloir sa propre maison, sa propre affaire, voire sa propre grosse entreprise. Prenons l'exemple de la fantastique Martha Stewart, qui a créé un empire tournant autour de la parfaite ménagère, ou de l'incroyable Oprah, qui a transformé sa curiosité en une grande entreprise. N'oublions pas ma bien-aimée Madonna, l'icône d'une génération. Ces femmes, bien campées sur leurs deux pieds, ont pris le monde d'assaut et ont fait une impression incroyable sur tout le monde. Chacune d'elle est partie de rien et a réalisé sa vision particulière du succès selon ses propres termes. Ces femmes nous apprennent que celles d'entre nous qui possèdent le même genre d'énergie, le même sentiment d'avoir une mission à mener à bien, voient s'ouvrir devant elles, parmi toutes les options disponibles, celle de pouvoir atteindre le même niveau de réussite, la même grandeur individuelle.

Vous connaissez bien, maintenant, l'art de flirter, celui de tomber amoureuse de vous-même et celui de communiquer avec les membres du sexe opposé. Vous reconnaissez les phénoménales conséquences de vos désirs. Dans cette leçon, je veux vous enseigner l'art d'exploiter la force de la nature que vous êtes, et d'utiliser cette force pour attirer les richesses de la vie. La plupart des gens pensent que ce n'est qu'en travaillant dur qu'on peut atteindre ses buts ou réussir ce qu'on entreprend. Le travail est bien sûr un moyen d'obtenir ce qu'on veut, mais il en existe d'autres. Nous, les femmes, pouvons faire apparaître tout ce que nous voulons rien qu'en voulant ces choses et en aimant nous délecter de nos désirs. Vous connaissez la phrase « Aide-toi et le ciel t'aidera », qui signifie qu'il ne faut pas s'attendre à ce que des choses se produisent si on ne fait pas d'abord soi-même tous les efforts possibles. Mais les femmes peuvent s'y prendre très différemment. Nous devrions plutôt dire : « Si tu te contentes de vouloir quelque chose et que tu es heureuse de la vouloir, cette chose t'arrivera plus rapidement et ce sera plus amusant que si tu te bornes à travailler pour l'obtenir. » Mais si vous voulez, en plus, absolument travailler, vous le pouvez également, bien sûr.

Procurez-vous le merveilleux livre de Florence Scovel Shinn, *Le jeu de la vie et comment le jouer* (Éditions Octave, Montréal, 2011), rédigé dans les années 1920. Madame Shinn était métaphysicienne, adepte de la Science chrétienne et une guide spirituelle qui avait foi en ce pouvoir transformationnel de la pensée et en notre potentiel illimité en tant qu'êtres humains. Je demande à toutes mes déesses de lire ce livre, parce que ces idées sont intéressantes pour toutes les femmes, peu importe leur confession, et qu'on peut glisser ce petit livre mince dans son sac pour qu'il nous aide à nous rappeler toute la journée qu'il n'y a pas de limites.

Son idée la plus fascinante est celle selon laquelle on peut gagner, au jeu de la vie, simplement en pensant qu'on va gagner. Cela ressemble à la visualisation créatrice – si, dans votre esprit, vous vous voyez en train d'obtenir ce que vous voulez, cette vision a le pouvoir de faire en sorte que cela arrive. Tout cela est un jeu. Si vous jouez à la variante du jeu où il faut travailler dur pour gagner sa vie et se refuser bien des choses, cette prédiction va se réaliser : vous allez devenir l'esclave de votre propre point de vue. Si vous jouez plutôt à la variante selon laquelle vous vous considérez comme une artiste de génie qui va gagner une fortune en faisant ce qu'elle aime, vous allez créer cette issue pour vous-même. C'est exactement ce qu'a fait SD Alma. Bien qu'elle soit maintenant une chanteuse de rock célèbre, Alma n'a jamais pris de cours de musique, ni de cours de chant. Un de ses ex-petits copains, qui était une légende du rock, lui a permis de rencontrer toutes les personnes les plus haut placées dans l'industrie de la musique. L'année suivante, elle a donné son premier concert à New York. Alma s'était simplement imaginée en star du rock. Comme elle n'avait toujours rencontré que des chanteurs qui connaissaient le succès, d'après son expérience, les bons musiciens réussissaient très facilement et sans complications. C'est ainsi qu'elle a réussi elle-même. Elle n'avait jamais eu le moindre doute – elle s'était lancée et avait fait ce qui la rendait heureuse, rencontrant le succès en chemin.

Vos rêves ne sont pas trop grands pour vous, vous ne les auriez pas s'ils n'étaient pas exactement de la bonne taille et de la forme parfaite pour l'individu que vous êtes. Ils sont tout simplement les plans de vos réussites à venir. Vous êtes capable d'obtenir tout ce que vous désirez. Ne vous faites pas de soucis au sujet de l'argent – le domaine monétaire ne deviendra un problème que si vous le laissez en devenir un. Si vous pouviez faire confiance à vos rêves ne serait-ce que moitié moins que vous en doutez, vous pourriez avoir tout ce que vous désirez. Florence Scovel Shinn dit : « Tout désir, qu'il soit énoncé ou non exprimé, est une revendication. Nous sommes souvent très surpris de voir un de nos souhaits soudain exaucé. »

Parfois, nous disposons d'un talent naturel pour obtenir certaines choses. Par exemple, je suis très bonne dans le domaine de l'immobilier. J'ai l'étrange don de toujours tomber sur l'appartement parfait au moment parfait. SD Justine a le chic pour se faire offrir des vêtements griffés gratuits et, étrangement, ses amies ont aussi développé ce tour de main. Comme nous l'avons vu dans la leçon 2, après avoir fait un voyage avec SD Daphne, SD Margaret a acquis les compétences nécessaires pour se faire surclasser dans les hôtels. Ainsi, une façon d'augmenter votre pouvoir d'attraction est de passer du temps avec des femmes qui savent évoquer bien plus de choses que vous ne l'auriez cru possible.

La manifestation du désir est ce que j'appelle l'« évocation ». Les évocations ne nécessitent jamais d'argent. Elles sont des hommages vivants au pouvoir d'attraction qui nous habite, nous, les femmes.

SD Bess est une des fantastiques évocatrices que je connais. Elle était venue suivre un de mes cours d'arts féminins, en faisant en auto le chemin depuis le New Jersey. Bess était nerveuse de conduire en ville jusqu'à chez moi, parce qu'elle craignait de ne pas trouver de place de stationnement. Le premier soir, elle a dépassé ses craintes et est entrée en voiture dans Manhattan. Elle s'est arrêtée devant chez moi, et, là, juste devant ma maison, se trouvait une grande place de stationnement libre. Non seulement SD Bess n'a pas eu à payer de stationnement, mais elle a eu le sentiment que c'était un signe qu'elle se trouvait au bon endroit au bon moment. Elle avait raison d'aller à son cours de déesse.

Cette première évocation avait été spontanée, mais, chose intéressante, Bess a pu stationner son auto au même endroit semaine après semaine. Elle aimait tellement penser à cette place de stationnement libre qu'elle l'a évoquée six semaines d'affilée. Les autres femmes qui suivaient ce cours devaient régulièrement aller laisser leurs autos dans des parcs de stationnement, un peu plus loin, parce qu'il n'y avait que très rarement des places libres. Mais Bess avait appris à si bien évoquer sa place de stationnement qu'elle était devenue une source de divertissement avant le cours, pour les autres déesses. Elles attendaient Bess sur le perron, pour le seul plaisir de la voir retrouver sa place libre chaque semaine.

Pour pouvoir évoquer quelque chose, il faut savoir s'attendre au plaisir pur. Vous devez saliver comme lorsque vous avez terriblement envie d'une guedille au homard avec des frites allumettes, ou de gâteau au chocolat ou de palourdes frites. Vous ne vous demandez pas vraiment si vous allez ou non effectivement manger une guedille au homard, ou du gâteau, ou des palourdes – mais cela vous fait plaisir d'y penser. Quand vous savourez ce genre de désir et lui laissez le temps de prendre vie dans votre esprit et dans votre imagination, vous provoquez les choses et les faites se réaliser. La beauté de l'évocation est qu'elle vous permet de vous créer toutes les opportunités que vous souhaitez. Oui, toutes.

SD Meryl a quitté son éreintant emploi de styliste dans le *garment district*, le grand quartier de la mode de New York, pour peindre des tableaux de vulves. Meryl avait été une artiste toute sa vie. Elle adorait peindre des nus, en particulier des nus féminins. Elle était devenue styliste parce que tout le monde lui avait dit qu'elle ne pourrait pas gagner sa vie en tant qu'artiste, mais elle avait toujours souhaité essayer tout de même. Quant à moi, j'avais toujours désiré avoir une peinture de vulve dans mon entrée. (Nous avons d'ailleurs appris, une fois cette peinture terminée, que les vulves étaient un motif courant, au paléolithique. On en peignait à l'entrée des grottes pour indiquer que l'endroit était sacré. Cela nous a enchantées.) Ainsi, Meryl a peint une immense murale de vulve dans l'entrée de mon domicile. Cela l'a tellement inspirée qu'elle a décidé de quitter son travail et de se bâtir une carrière autour des formes féminines couchées sur toile. Meryl ne savait absolument pas si elle serait capable de gagner sa vie grâce à cette si étrange activité, mais cela ne l'a pas arrêtée. Le jour où elle a quitté son emploi, Meryl s'est vu offrir un emploi à mi-temps, mais deux fois mieux payé, par une entreprise qui souhaitait profiter de ses talents de styliste. Elle a accepté cette position avec joie, afin de faciliter sa transition.

Quelques mois plus tard, un ami de Meryl lui a présenté quelqu'un qui travaillait dans une immense manufacture de vêtements, réputée pour ses t-shirts et boxeurs pour hommes. Elle leur a présenté ses t-shirts et ses culottes pour femmes peintes à la main, et son enthousiasme leur a tellement plu qu'ils ont décidé d'en assurer la fabrication pour elle et d'en faire la publicité. Si ce n'est pas de l'évocation !

En fait, notre capacité à évoquer les choses peut même être plutôt effrayante. Meryl s'est sentie tellement submergée par cette manifestation de son pouvoir qu'elle a glissé son projet dans un tiroir et n'a pas fait la moindre des choses qu'ils lui avaient demandées. Ils voulaient simplement qu'elle conçoive les étiquettes des produits et celles pour la vente. Cependant, elle était tellement sidérée par son pouvoir d'évocation et par l'accueil chaleureux que le monde avait réservé à ses produits que, pendant quelques mois, cela l'a bloquée. Mama a dû la tirer de sa torpeur et, maintenant qu'elle a terminé son travail, elle attend que ses vêtements soient fabriqués et annoncés dans des publicités gratuitement. Son rêve lui est tombé tout cuit dans la bouche.

Avancer vers vos rêves n'est pas toujours facile. Parfois, vous devrez sauter un ou deux repas, ou omettre de faire un versement pour rembourser votre carte de crédit, ou encore payer votre loyer en retard. Mais on peut aussi faire face à ces situations quand on n'est pas en train de poursuivre ses rêves. Je n'ai jamais rencontré personne qui ait suivi ses désirs les plus profonds avec un enthousiasme sans faille et qui n'ait pas connu le succès. On dirait presque que l'univers nous donne un coup de pouce quand nous écoutons réellement ce que nous dit notre cœur.

Une autre manière d'augmenter notre capacité à attirer les richesses de la vie est de nous faire plaisir à nous-mêmes et de nous chérir. Si vous ne savez pas vous offrir des fleurs à vous-même, il vous sera quasiment impossible de recevoir des fleurs de qui que ce soit d'autre. Si vous ne vous donnez pas des orgasmes à vous-même, vous allez avoir beaucoup de mal à en connaître avec quelqu'un d'autre. Prenez soin de vous de toutes les façons que vous désirez, afin d'améliorer votre capacité à obtenir ce que vous voulez et à apprécier votre vie.

Pour attirer l'abondance, une bonne méthode consiste à donner aux autres. Commencez par de petites actions généreuses et anonymes. Jouez le rôle de la bonne fée. Nettoyez les toilettes publiques pour la personne suivante. Ramassez une bouteille de Coke qui a été jetée dans la rue et mettez-la à la poubelle. Si vous savez que quelqu'un passe une rude journée, envoyez-lui des fleurs anonymement. Posez une boîte de chocolats sur le bureau d'un collègue de travail. Vous comprenez le principe. Ces petites actions destinées à éclairer la vie des gens vont améliorer votre aptitude à accueillir les petits cadeaux que la vie et les autres vous envoient. Au final, vous serez bien plus satisfaite de vous-même. Vous vous sentez plus méritante, parce que vous avez investi dans la bonté. Ainsi, quand l'univers vous ouvre une porte, vous êtes prête à dire oui !

Ces petites habitudes, quand vous les intégrez à votre routine, renforcent votre capacité à évoquer de plus en plus de choses, ce qui vous libère de votre asservissement à l'argent. L'argent est simplement le tyran au service duquel nous sommes tous jusqu'à ce que nous nous en libérions et nous cédions à nos plaisirs. La vie est bien plus épanouissante et excitante lorsqu'on s'abandonne à ses rêves que quand on laisse l'argent nous réduire en esclavage. Nos désirs nous procurent tout l'argent dont nous pourrions avoir besoin. Si vous enviez d'autres femmes, cela signifie que vous devez reconnaître de nouveaux désirs. Vous ne ressentiriez pas ceci si vous ne désiriez pas ce qu'elles ont, si elles ne possédaient pas quelque chose que *vous* voulez. Les femmes se trompent quand elles se disent : « Oh, si elle possède cela, je ne peux sûrement pas l'avoir moi-même. » Et si elles pensaient plutôt : « Si elle possède cela, et que j'aime cette chose, alors moi aussi je vais l'avoir. » Épousez votre jalousie. Aimez-la, accordez-lui l'attention nécessaire. Si vous le faites, vous allez très rapidement découvrir les désirs qui se cachent derrière. Le monde contient une quantité suffisante de tout ce qui existe pour que chacun puisse avoir tout ce qu'il veut, et qu'il en reste encore ensuite.

Ainsi, SD Natalie voulait des diamants. Elle en voulait si fort qu'elle avait du mal à supporter que d'autres femmes en portent. Un jour, SD Justine est arrivée en classe avec un superbe anneau de diamants que son ancien petit ami lui avait offert. Justine savait si bien faire en sorte que les hommes lui fassent des cadeaux que cet homme lui avait offert cette bague alors qu'ils n'étaient plus ensemble. Natalie a annoncé qu'elle était complètement jalouse de tout cela et qu'elle voulait des diamants, elle aussi. C'était la première fois qu'elle se sentait assez bien dans sa peau et assez à l'aise avec ses désirs pour les admettre devant quelqu'un. Deux semaines plus tard, la grand-mère de Natalie a donné à cette dernière une magnifique bague ornée d'une multitude de diamants et qui avait appartenu à sa mère. Sa grand-mère aurait pu la donner à la sœur de Natalie ou à la mère de celle-ci, mais c'est bien à Natalie qu'elle l'a offerte. Ce n'est qu'en avouant sa jalousie et son désir que Natalie a été capable de faire en sorte que sa grand-mère lui donne sa bague en diamants.

J'ai grandi baignée dans la légende de ma mère, Bebe, qui, à l'âge de deux ans, était vraiment en phase avec ses véritables désirs. L'histoire veut que, au plus sombre de la Grande Dépression, Bebe soit allée se promener avec sa grande sœur Gertie sur la promenade d'Atlantic City. Elle s'est arrêtée devant un magasin de jouets. Dans la vitrine se dressait une poupée magnifiquement vêtue, qui devait bien coûter l'équivalent d'un mois du salaire de mon grand-père. Mais un enfant de deux ans se fiche complètement de tous les systèmes de valeur autres que celui auquel se mesurent ses désirs. Bebe sanglotait inexorablement de ne pas pouvoir avoir la poupée, refusant de s'éloigner du magasin et de continuer son chemin sans cette poupée. Quand Gertie essaya de la tirer derrière elle, Bebe se mit à crier plus fort. Finalement, un grand homme bien vêtu s'est approché de Gertie et lui a demandé pourquoi Bebe pleurait. Gertie lui a expliqué que sa sœur voulait la poupée qui se trouvait dans la vitrine. L'homme est alors entré dans le magasin, a acheté la poupée, l'a donnée à Bebe, puis est reparti.

Alors, quelle était la dynamique en œuvre dans cette histoire? C'était le principe qui veut qu'une demande provoque une réaction, que l'envie entraîne l'exécution. Quand une femme désire quelque chose, il y a toujours un moyen pour elle de l'obtenir. L'argent n'est pas un problème, et le temps et la distance n'en sont pas non plus. L'envie peut déplacer des montagnes en une microseconde. Combler les désirs qu'abrite notre cœur est un jeu toujours merveilleux et auquel on ne peut que gagner!

Avez-vous l'impression que Mama est en train de former une bande de femmes cupides? J'espère bien. Seule une femme qui possède ce qu'elle veut peut dégager une abondance et une générosité véritables. On apprend à faire confiance à ses désirs quand, après les avoir comblés, on remarque comme il est différent de se lancer en ayant fait le plein, par rapport à notre habitude d'essayer de fonctionner avec un réservoir vide. Quand sœur déesse Marla est arrivée pour son premier cours, c'était une jeune femme si timide qu'on aurait presque dit une petite fille. Elle venait de rompre avec son petit copain et son père, qu'elle adorait, était atteint d'un type rare de leucémie. Marla n'était pas vraiment d'humeur à s'amuser ou à faire confiance à ses désirs, mais elle s'était inscrite à mes cours parce qu'elle voyait bien que se contenter de pleurer ne lui permettrait pas d'aller bien loin. Or, elle voulait aller loin. Elle a fait les exercices dans lesquels je lui demandais de se dorloter, s'est acheté de nouveaux vêtements sexy et s'est mis à accepter de nouveau des rendez-vous avec des hommes. Et elle s'est rendu compte qu'elle devenait plus sûre d'elle. Elle a commencé à se faire confiance. Elle a pris conscience du fait que ses désirs avaient de la valeur et influaient sur le monde.

En réfléchissant à la santé de son père et à la façon dont les médecins la traitaient, elle s'est rendu compte qu'elle ne savait pas trop quoi penser des soins qu'il recevait. Elle n'avait jamais réussi à convaincre son père de faire quoi que ce soit, alors elle se sentait un peu nerveuse quand elle lui a demandé de l'écouter et d'accepter de changer de traitement. Cependant, grâce à son tout nouveau courage, elle a pris un rendez-vous pour elle-même auprès d'un nouveau médecin, et a suggéré à son père de l'accompagner, s'il en avait envie. Non seulement a-t-il alors rencontré cet autre médecin, mais il a finalement décidé de se faire suivre par lui. Ce nouveau docteur lui a prescrit un nouveau traitement qui lui a sauvé la vie.

Le fait qu'elles puissent créer l'abondance amuse incroyablement mes SD. Ces femmes viennent d'horizons différents et appartiennent à diverses catégories socioéconomiques, mais elles ont toutes les moyens de se payer une tasse de café quand elles le désirent. Pourtant, quand je leur demande de faire l'exercice « la Chatte et la Queue », c'est-à-dire de flirter, elles reviennent en cours totalement ravies que le boulanger leur ait offert un café, que le serveur leur ait apporté un apéritif ou un dessert gratuit, ou encore que le responsable du stationnement les ait laissées rentrer alors que le stationnement était plein. Le plaisir brut du désir qu'on libère procure à mes SD un plus grand sentiment de légèreté, de pouvoir et d'hilarité que si elles achetaient un ensemble Chanel ou organisaient une fin de semaine au ski.

Tout ce que j'ai pu attirer par la force de mon désir a bien plus de signification, pour moi, que ce que j'ai simplement acheté avec de l'argent.

Un jour, j'ai évoqué un manteau de vison. Voici ce qui s'est produit. Mon amie Melissa et moi-même sommes allées chez Bergdorf, où nous avons essayé des manteaux de vison. Nous nous sommes beaucoup amusées et je me suis trouvée si superbe dans ces luxueuses fourrures que, quelques semaines plus tard, je suis retournée avec mon mari dans ce grand magasin et que j'ai essayé de nouveau tous les manteaux devant lui. La vendeuse nous a expliqué que les visons n'étaient pas des animaux très gentils, qu'ils avaient la personnalité de rats mauvais, et que cela justifiait qu'on utilise leur fourrure pour fabriquer des manteaux. J'ai détesté ce raisonnement, mais je désirais tout de même une de ces fourrures. Je ne pouvais pas m'en empêcher. Mon envie de posséder un manteau de vison refusait de s'estomper. Et que s'est-il passé ? Un jour, SD Ali est arrivée en cours avec un grand sac. Dedans se trouvait un grand manteau de vison, superbe et très long. Ali nous a expliqué qu'elle en avait assez de ce manteau et qu'elle voulait que Mama Gena et le reste de la classe en profite. Elle se l'était acheté quelques années plus tôt pour se réconforter, parce qu'elle n'avait pas le moral. Elle n'en avait plus besoin. Voilà comment fonctionne le désir. L'univers comble nos désirs quand nous les exprimons.

C'était intéressant – j'avais perdu l'envie d'acheter une fourrure neuve à cause des droits des animaux, mais m'en faire donner une de seconde main me semblait différent. J'avais l'impression de rendre hommage à l'animal en la portant au lieu de la laisser partir aux ordures. Il était aussi très amusant d'avoir à notre disposition un vison que toutes les SD pouvaient utiliser quand elles en avaient besoin. Ce manteau a assisté à bien des soirées chic – une fille l'a porté pour aller à un rendez-vous galant à l'opéra, une autre l'a revêtu lors d'une fête officielle, d'autres SD voulaient simplement porter de la fourrure pendant quelques semaines et ont donc emprunté le manteau.

Savez-vous ce qui est le plus amusant, finalement, au sujet de cette fourrure ? C'est que je ne l'ai pas portée une seule fois. Mais cela me fait incroyablement plaisir de voir mes SD l'emprunter, et j'étais particulièrement heureuse que ma chère amie Vera puisse adopter ce manteau quand elle est venue passer trois mois à New York, l'hiver dernier. L'histoire du vison met en lumière un élément clé de l'évocation : vous ne savez jamais exactement à quoi servira ce que vous évoquez, mais si vous appréciez chaque seconde du processus, du moment où vous commencez à y penser jusqu'à celui où vous obtenez ce que vous avez souhaité, ce

L'ART DU BONHEUR AU FÉMININ

qui se produira bénéficiera toujours à tous ceux qui seront concernés. Les évocations ne coûtent jamais d'argent. Elles sont des hommages à votre pouvoir d'attraction.

Parfois, les évocations ne se réalisent pas immédiatement, mais n'ayez crainte, vous pourrez toujours vous fier à de petites balises, postées tout le long de la route qu'empruntent celles qui veulent devenir sœurs déesses et qui vous rassurent sur le fait que vous êtes bien sur la bonne voie. Ce sont des boutons de fleur qui ne s'épanouiront pas, mais qui vous montreront le chemin qui mène au massif. Par exemple, le jour même où SD Greta, qui s'occupe de techniques commerciales dans une grande chaîne de magasins de vêtements, a décidé qu'elle voulait changer de travail, elle est allée prendre un verre avec une de ses amies et a rencontré quelqu'un qui travaillait chez Banana Republic. Cet homme a donné sa carte à SD Greta et lui a dit qu'il cherchait quelqu'un pour le secteur des techniques commerciales. Greta n'avait pas envie de travailler dans cette entreprise, mais elle savait que c'était là un signe. Cela signifiait qu'elle avait raison de chercher à changer de travail et qu'elle avait pris la bonne direction. SD Greta a fini par trouver un emploi qui lui convenait bien mieux que celui qu'elle aurait pu occuper chez Banana Republic.

SD Lorna, quant à elle, cherchait un petit ami. Elle a rencontré Gary, dont elle s'est dit qu'il était peut-être « le bon ». Elle est sortie quelques fois avec lui et s'est bien amusée, mais il s'est mis alors à annuler leurs rendez-vous les uns après les autres et à la fuir. Lorna a commencé par s'en sentir blessée et déçue, mais elle a ensuite décidé que la fuite de Gary signifiait simplement qu'il ne faisait qu'annoncer l'arrivée du « bon ». Et elle avait raison. L'homme qui est ensuite entré dans la vie de Lorna s'appelait Stan, et elle l'a rencontré lors d'un rendez-vous arrangé. Il avait fait le chemin en avion privé uniquement pour la rencontrer. Stan et Lorna ont passé un moment incroyable ensemble. Depuis leur rencontre, il y a quelques mois, ils sont allés ensemble aux Bahamas et se sont embarqués dans une fantastique histoire d'amour. Lorna est reconnaissante envers Gary pour lui avoir montré qu'elle était sur la bonne voie, et encore davantage envers Stan. Lorna se rend compte que Gary l'a aidée à garder le cap.

Vous pouvez faire appel au pouvoir du désir pour créer tout ce que vous voulez, sans vous soucier du prix que cela pourrait coûter ou de l'apparente impossibilité que ce souhait se réalise. Peu importe les chances, les obstacles ou les coûts, vos désirs font des miracles. La seule condition est que votre désir soit authentique. Cela ne fonctionne pas si vous êtes en train d'essayer de vous conformer aux normes de quelqu'un d'autre, d'impressionner quelqu'un ou de faire vos preuves. Votre pouvoir d'évocation n'entre en action que pour répondre à vos désirs profonds, réels et véritables.

Lors d'une discussion sur le pouvoir d'attraction des désirs, Blair, une de mes sœurs déesses qui était dermatologue, m'a avoué se sentir coincée. Elle m'a expliqué qu'elle voulait épouser un homme riche et pouvoir siéger aux conseils d'administration de nombreuses organisations caritatives. Mais elle avait beau se concentrer sur ce souhait, Blair n'obtenait absolument aucun résultat, et elle était de plus en plus en colère. Elle était fâchée de ne pas rencontrer les bons gars, fâchée que des femmes plus jeunes qu'elle les rencontrent, elles. Disons simplement que Blair était, dans l'ensemble, fâchée contre tout et tout le monde. Or, quand elle a expliqué à Mama pourquoi elle voulait ce qu'elle voulait, le problème m'a tout de suite semblé très clair. Blair a précisé qu'elle pensait qu'épouser M. Gros-sous était ce que devait faire une femme de son âge (quarante-trois ans) et ayant atteint ce niveau d'accomplissement. Elle ne voulait pas nécessairement un homme, elle voulait prouver au monde qu'elle avait fait les bons choix. En vérité, Blair était tellement en colère contre les hommes qu'elle avait même du mal à rester aimable avec son teinturier. Ce n'était donc vraiment pas étonnant qu'elle ne parvienne pas à évoquer quoi que ce soit. Elle pensait que s'affirmer socialement était un désir profond et réel. Elle croyait qu'elle voulait vraiment se marier. Mais, en fait, elle n'avait pas encore puisé dans ses authentiques envies.

La plupart d'entre nous ont l'habitude de penser que ce que nous avons ne suffit pas. Cela forme un nœud dans la corde, crée un obstacle à notre capacité à obtenir davantage. La raison pour laquelle Blair ne trouvait pas d'homme était qu'elle désapprouvait le fait d'être encore célibataire à quarante-trois ans. Elle pensait qu'elle aurait déjà dû avoir un homme, et elle était d'avis que chaque homme qu'elle rencontrait aurait dû être bien mieux, bien plus riche et bien plus établi qu'il ne l'était déjà. Il lui fallait d'abord apprendre à être heureuse d'être célibataire. Elle devait soigner son bonheur et en faire sa priorité.

Quand vous commencerez à vous entraîner, vous vous mettrez rapidement à remarquer partout des preuves de vos évocations. Vous souvenez-vous de SD Jillian, dont nous avons parlé à la leçon 2 ? C'était celle qui avait refusé de participer à une foire artistique en Europe, se permettant par le fait même d'évoquer une offre d'exposition à New York. SD Avis, elle, voulait un bébé. Cela faisait environ un an qu'elle admirait et câlinait les bébés des autres. Elle a rencontré Trent, un obstétricien renommé, dans une fête.

Avis sortait avec lui depuis à peine un mois quand elle est tombée enceinte. Après une année passée à saliver, Avis avait réussi à évoquer son désir très, très rapidement.

Vos désirs ont une importance primordiale. Faites tout ce qui vient à l'idée pour laisser vos désirs s'exprimer. Une fois, alors que j'avais envie de partir en vacances en Jamaïque, j'en ai parlé à Bruce. Nous n'avions absolument pas d'argent. Mais nous avons appelé un agent de voyage, avons rassemblé des brochures touristiques et exploré des sites Internet, nous nous sommes renseignés sur les vols d'avion et nous sommes immergés dans les informations. Ce que nous étions en train de faire, en rassemblant tous ces renseignements, était une étape importante. Un peu plus tard, un de nos clients (fortuné), content des résultats de notre travail, nous a donné un bonus de dix mille dollars. C'était plus que ce qu'il nous fallait pour faire ce voyage dans les îles.

Une fois que vous avez enfilé la cape de sœur déesse, il est important que vous reconnaissiez méthodiquement toutes les richesses dont vous bénéficiez. Au départ, le muscle de la reconnaissance est plutôt faible, chez mes SD. Nous n'avons pas l'habitude d'être dans un état de gratitude profonde envers notre vie et le cadeau qu'elle représente. Mais la gratitude est un exercice essentiel qui nous ouvre et nous permet d'accepter davantage d'amour, davantage de choses, davantage de tout ce que nous pouvons souhaiter.

J'ai remarqué que, en général, vers la quatrième semaine de cours dans mon École des arts féminins, les déesses qui étaient à l'origine affamées commencent à se sentir un peu rassasiées grâce à tous les petits cadeaux qu'elles reçoivent. Bien sûr, c'est le but que je recherche. Cependant, ce que je leur enseigne, en plus des méthodes à appliquer pour obtenir ces petits plaisirs, c'est la façon de continuer à en recevoir. Et cette technique consiste à en être reconnaissante. Car ce qui est « bien » n'est pas assez bien pour une sœur déesse. Créer continuellement la vision de quelque chose d'encore meilleur et faire se réaliser cette vision est bien plus amusant, et c'est en amplifiant sa reconnaissance qu'on peut faire cela.

Si vous n'êtes pas constamment en train de dire « Merci, Déesse ! », ou de remercier quiconque vous a aidée, vous interrompez le flot de bonnes choses qui coule vers vous. SD Vivienne, qui vient de suivre mon cours « Formez votre homme », a raconté au groupe qu'elle appréciait et remerciait tout le temps son mari, même s'il venait simplement de prendre le bébé dans ses bras ou de nourrir le chat. Cette femme est sur la bonne voie. Bien que le bébé et le chat soient de leur responsabilité à tous deux, Vivienne prenait du plaisir à remercier son homme et cela lui assurait des récompenses futures. Tout comme elle, vous devez donner une place de choix aux présents de votre vie en exprimant votre reconnaissance envers chacun d'eux.

Si une sœur déesse apprécie ce qu'elle a et en est reconnaissante, elle obtiendra encore davantage. SD Lucy, une femme qui me suit depuis mes tout premiers cours, a appris cette leçon à ses dépens. Pendant longtemps, elle ne savait même pas se remercier elle-même. Elle avait quarante-cinq ans et n'avais jamais été mariée. Tout à coup est entré dans sa vie ce jeune homme charmant et sexy qui l'adorait, voulait l'épouser et la rendre heureuse. Lucy n'avait pas fait ses devoirs d'apprentie sœur déesse et n'a pas su reconnaître à quel point ce cadeau était précieux, pour elle. Ainsi, au lieu de passer au niveau d'amusement suivant, au lieu d'avancer, elle a fait un pas en arrière.

Avant de reculer de la sorte, Lucy était pourtant bien partie. Elle avait appliqué les leçons apprises dans ses cours de Déesse pour monter une affaire couronnée de succès, faire des investissements et épargner, améliorer ses relations avec sa famille et commencer à sortir avec Todd. Lucy connaissait une belle réussite. Elle avait de nombreuses raisons d'être reconnaissante. Cela faisait environ un an qu'elle sortait avec Todd quand il lui a annoncé qu'il voulait emménager avec elle. C'est précisément à ce moment que Lucy n'a plus été capable de gérer tout le positif qui avait envahi sa vie. L'amour et l'attention que lui accordait son petit ami, et qu'il lui démontrait en lui proposant de vivre ensemble, ont été la goutte qui a fait déborder le vase. Elle a disjoncté. C'était trop d'intimité, trop d'engagements. Tout à coup, dans l'esprit de Lucy, les défauts de son petit ami ont commencé à s'amplifier et à gonfler – il ne gagnait pas assez bien sa vie, il fumait, il avait du ventre.

Lucy s'est retrouvée en chute libre. Elle a cessé de venir en cours. Elle s'est mise à ressasser ce qui n'allait pas chez son homme, plutôt que de continuer à voir tout ce qu'il avait de merveilleux. Et il en avait, des qualités. Todd vénérait jusqu'au sol que Lucy foulait. Il était prêt à absolument tout faire pour lui faire plaisir et la rendre heureuse. Il était aussi prêt à quitter Washington et déménager à New York pour être avec elle, à changer de carrière, à arrêter de fumer, à perdre du poids. Et, honnêtement, c'est ce qui a fini par la submerger.

Mama a un dicton : « Les bonnes choses pour lesquelles on n'éprouve pas de gratitude se changent en cochonneries ! » C'était un très bon exemple de ce genre de situation. SD Lucy n'avait jamais été aimée par un homme comme elle était aimée de Todd. Elle n'avait pas l'habitude d'être l'objet de tant d'attention et sa façon de faire face à cette situation a consisté à refuser de prendre conscience de l'attention qu'il lui portait. Lucy n'a pas réussi à l'apprécier comme il le méritait.

La reconnaissance fonctionne un peu comme le processus de mastication et de déglutition. Si vous soupez, vous devez mâcher votre bouchée, puis l'avaler avant d'en prendre une nouvelle. Quand vous exprimez votre reconnaissance, vous êtes en train de mâcher et avaler la délicieuse bouchée qu'on vient de vous donner. Vous êtes alors prête à en prendre une autre. Si vous ne mâchez ni n'avalez, vous ne pouvez pas prendre de bouchée suivante – votre bouche n'est pas extensible. En n'appréciant pas tout ce qu'il y avait de bien dans son homme, et dans elle-même, Lucy s'est rendue incapable de recevoir quoi que ce soit de ce qu'il pouvait bien vouloir lui donner ensuite. Leur relation s'est détériorée de plus en plus, et ils se sont finalement séparés. Lucy va devoir affiner ses talents dans le domaine de la reconnaissance si elle veut un jour qu'une future relation éventuelle se déroule mieux que celle-ci.

Pour ma part, puisque je sais combien les mercis sont nécessaires, je suis une machine à remerciements. J'apprécie tout profondément et exprime ma gratitude tout le temps – pour la nourriture qui se trouve sur ma table, pour la chance que j'ai de vivre aux États-Unis, pour ma santé, ma famille, mes amis et ma vie. Quand vous vous mettez à remarquer l'abondance qui vous entoure, celle-ci croît. Le cadeau de la vie est incroyablement merveilleux. Nous avons tous tant de raisons d'être reconnaissants. Les remerciements représentent un outil fantastique et essentiel que l'on doit retrouver dans la boîte à outils de toute sœur déesse. N'oubliez pas de vous en servir régulièrement.

En anglais, il existe une expression selon laquelle «ce n'est pas facile d'être reine.» Maintenant que nous avons parlé de tout l'entretien à assurer et de toute cette gratitude à exprimer, êtes-vous effectivement en train de vous dire qu'être reine n'est réellement pas une mince affaire? Si c'est le cas, je suis d'accord avec vous. Il faut être bien plus responsable pour apprécier sa vie que pour s'en plaindre. Être maîtresse de son plaisir exige d'assumer bien plus de responsabilités qu'être fâchée contre les autres parce qu'on n'a pas ce qu'on veut. Et on doit être aussi bien plus responsable quand on veut explorer ses propres désirs que si on se contente de rejeter la faute sur les autres parce que nos rêves ne se réalisent pas.

Il est impossible d'échouer quand on agit selon ses désirs. Seuls les compromis et la médiocrité sont des échecs, selon Mama. On nous apprend à agir pour obtenir de l'argent, plutôt que par amour. Si vous devenez avocate, comptable ou secrétaire uniquement pour pouvoir payer votre loyer, cela ne rend pas le monde meilleur, et ne vous rend pas plus heureuse. Vivre vos rêves, en revanche, a ces conséquences. Ce monde regorge d'infinies possibilités. Partez à sa conquête et voyez votre vision du succès et du bonheur se réaliser! Si vous faites ce que vous voulez, vous obtiendrez ce que vous voulez. Voici quelques exercices qui vont vous aider à reconnaître les vrais désirs qui vous habitent, et à les combler.

Exercice 1 : *Prélassez-vous dans vos désirs*

Appréciez les désirs qui sont les vôtres. Ne les retravaillez pas, ne dites jamais : «J'aime cette robe, mais je ne peux pas me la permettre.» Contentez-vous d'aimer ce que vous aimez, de vouloir ce que vous voulez. Allez magasiner à des endroits où vous pouvez savourer vos désirs. Si vous vous mettez à apprécier vos désirs, ils vont s'amplifier. SD Stephanie a déménagé à New York parce qu'elle adorait le théâtre. Elle a commencé par accepter tous les emplois qu'on lui proposait dans des théâtres, pour avoir la joie de se tenir, au moins, en coulisse. Six mois plus tard, elle obtenait un poste rémunéré de régisseuse, parce qu'elle s'était autorisée à se prélasser dans ce qu'elle adorait.

Une vraie sœur déesse peut agrandir son monde en se concentrant sur ce qu'elle veut et en appréciant ce qu'elle a. Ce que nous cherchons à faire, en tant que sœurs déesses, est de laisser l'univers répondre à nos désirs, plutôt que de nous imposer les limites définies par notre statut financier. Quand vous vous traitez vous-même comme la reine que vous voulez devenir, vous entretenez votre état de satisfaction par rapport à ce que vous possédez déjà, tout en vous permettant d'envisager la possibilité que vous allez atteindre vos buts. C'est ainsi que font les sœurs déesses.

Exercice 2 : *Votre livre des désirs*

Dans un album vierge, collez toutes sortes de photographies découpées dans des magazines et représentant toutes les merveilleuses choses que vous désirez et toutes les expériences fantastiques que vous rêvez de vivre, sans vous préoccuper du prix. Quand vous aurez terminé, vous posséderez un catalogue de vos désirs. C'est très amusant de montrer ce genre de cahier avec des amis ! Soyez audacieuse ! Si vous avez besoin d'aide, relisez les lois du désir énoncées dans *Le jeu de la vie et comment le jouer* par Florence Scovel Shinn, qui connaissait le pouvoir du désir. Lisez ce livre merveilleux !

Exercice 3 : *Améliorez votre karma – Apprenez à donner pour savoir recevoir*

Accomplissez des actions bienfaisantes anonymes. Faites du bénévolat. Quand on donne aux autres, on a davantage conscience de tout ce qu'on possède. La bonté engendre la bonté. Déterminez vos rêves et poursuivez-les avec ferveur, et soyez prête à être surprise par la profusion de souhaits que vous voyez comblés.

Exercice 4 : *Regardez un film*

Regardez *La petite princesse*, d'Alfonso Cuarón. Laissez-vous inspirer par la façon dont cette jeune fille utilise ses désirs pour évoquer de merveilleuses choses pour ses amis et sa famille. Elle ne connaît pas le doute ! Elle s'accroche fermement à ses désirs, malgré les nombreux obstacles qu'elle rencontre. Laissez-la vous inspirer.

ᦉ

Eh bien, voilà, ma chère novice, votre Mama vous a tout donné, et vous avez maintenant en main les clés du royaume. J'ai tracé pour vous la carte de la route qui mène à l'extase. Ce qui reste à savoir, c'est si vous allez emprunter ce chemin.

Leçon 10

Le guide d'étude des sœurs déesses

Chatte, Chatte, Ô ma reine,
Conduis-moi tout droit vers mes rêves.
MANTRA DE FÉMINITÉ DE SŒUR DÉESSE DE L'ANTIQUITÉ

Quelques unes de mes lectrices, après avoir lu l'entiè-reté de ma superbe dissertation, vont se dire : « Hein ? » ou penser : « Pourquoi me donner tout ce mal ? », « J'aurais bien trop de chemin à faire » ou encore « C'est bien joli, tout cela, mais il faut que je me remette au travail, maintenant. » Mama a un faible pour ces lectrices-là. Comme je suis, moi aussi, une dure à cuire, je sais bien que plus la coquille est dure, plus l'intérieur est tendre. Si vous faites partie de ces femmes, ma chère, ce chapitre est pour vous.

Nous sommes si engagées dans nos habitudes. Nous sommes incroyablement attachées à nos prédictibles pe-tites façons de faire les choses. J'aime tellement ma façon de faire mon café le matin que j'en emporte une tasse au restaurant où j'ai l'habitude d'aller prendre le brunch. Ils le tolèrent. Ils savent que je déteste leur café. Grâce à ma méthode si spéciale de faire du café, j'évite de boire du café que je n'aime pas, mais peut-être mon habitude d'emporter mon propre café partout m'empêche-t-elle aussi de goûter un café que je trouverais finalement meilleur que le mien. J'ai pris l'habitude de traîner mon Thermos de café partout, comme un doudou. J'ai su que le comble était atteint quand je me suis rendu compte que j'avais emporté mon café maison dans un café. Oui, j'ai apporté mon thermos dans un endroit spécialisé dans les expressos, les cappuccinos... dans le café, en fait. Et, moi, je me tenais dans cet endroit, mon thermos-doudou à la main. Je l'ai alors glissé dans mon sac, et j'ai commandé un café au lait. On me l'a servi dans une superbe et grande tasse, surmonté d'une épaisse couche de mousse laiteuse. Ah... Voilà, ma belle, ce que je vous demande, c'est de faire cela. Lâchez votre doudou et tendez la main pour saisir ce qu'on vous sert alors.

Vos doudous, ce sont vos vieilles habitudes de raisonnement, votre ancienne logique. C'est ce qui est en jeu quand vous secouez la tête, que vous plissez le nez avec mépris et que vous vous dites, avec un accent pointu, « Oh non... Moi, je ne ferais jamais *cela*! C'est tout bonnement inacceptable! » Vous êtes peut-être en train de vous promettre de ne *jamais* vous donner de plaisir à vous-même, ou de regarder votre Chatte, de vous écrire une lettre d'amour, de danser nue ou de dire à un homme ce que vous voulez vraiment. Seul Dieu le sait... Mais, Mama vous le jure, tout ce à quoi vous risquez de vous opposer le plus, dans ce livre, est aussi ce qui peut *vous* rapporter le plus.

Si je devais planter un panneau de signalisation à l'entrée de l'autoroute des arts féminins, je choisirais celui qui indique « PAS DE ROUE LIBRE ». Quand on avance en roue libre, on ne peut que descendre la pente. Ici, descendre en roue libre consisterait à penser que, parce que vous avez lu ce livre ou parce que vous avez suivi mes cours, vous êtes automatiquement et pour toujours une sœur déesse. En vérité, pour continuer d'être une sœur déesse, vous devez pratiquer encore et encore les arts féminins qui vous ont permis, à l'origine, de le devenir. Ainsi, vous devez vous faire du bien, continuellement, avec exubérance. Vous devez dire la vérité aux gens, en particulier aux hommes, et ne pas vous attendre à ce qu'ils lisent dans vos pensées. Il vous faut être reconnaissante de tout le beau et bon qui vous arrive, et continuer à vous rendre compte que votre vie est fantastique, même quand vous vous imaginez en train d'avancer et de progresser.

Pour vous aider à ne pas oublier de mettre en œuvre vos arts féminins, voyons ce qui est arrivé à une sœur déesse qui avait cessé de rechercher consciencieusement son plaisir personnel. Laissez-moi vous dire que ce n'est pas joli. Alors que SD Elizabeth avait commencé par devenir l'exemple parfait d'une déesse, elle a oublié de suivre son plan d'entretien des arts féminins et sa vie affective s'est rapidement retrouvée dans un état paralytique. Au moment de ses premiers cours, Elizabeth s'est mise à se pomponner, à se faire plaisir et, dans l'ensemble, à s'amuser. Et hop, une horde d'hommes est apparue, l'invitant à sortir, lui payant des verres, etc. Elle en a été bouleversée, mais a tout de même continué à pratiquer les arts féminins !

Après être sortie avec bien des beaux partis, Elizabeth a porté son choix sur un bel homme nommé Philip. Pendant un moment, elle a conservé son statut de déesse, et tout se passait très bien. Elle sortait aussi avec d'autres gars, continuait également de voir ses amies et de prendre soin de son propre plaisir.

Mais, quatre mois après avoir commencé à sortir avec Philip, Elizabeth a remplacé la relation qu'elle avait avec la Déesse par celle qu'elle développait avec cet homme. Il est devenu son dieu. Elle faisait ce qu'il voulait, allait où il voulait aller et mangeait ce qu'il préférait manger. Elizabeth s'est tellement laissée emporter dans son élan en essayant de faire fonctionner sa relation avec Philip qu'elle en a oublié de garder son propre plaisir à l'esprit.

Et que s'est-il alors passé? Elle s'est désintéressée de sa relation et s'est mise à détester Philip, qu'elle aimait pourtant de toute évidence tellement. Pourquoi cela est-il donc arrivé? Parce qu'Elizabeth avait oublié d'alimenter sa flamme intérieure. Elle avait laissé le pilote automatique prendre les commandes au lieu de décider consciemment de travailler ses arts féminins. Oups!

Bien sûr, Elizabeth s'est séparée de Philip et a été très déprimée pendant un bon moment, jusqu'à ce qu'elle se souvienne que, quelque temps auparavant, assez récemment, elle se sentait vraiment bien. C'est alors que notre amie a repris le contact avec ce qui lui avait permis d'être heureuse à l'époque – ses leçons d'arts féminins. SD Elizabeth s'est juré de ne plus jamais les oublier.

Tout comme Elizabeth, vous avez peut-être remarqué qu'une vie dénuée des arts féminins que sont l'amusement et le flirt n'est pas une partie de plaisir. Si le plaisir n'est pas la priorité, la vie est caractérisée par la victimisation et la stagnation perpétuelle. Cependant, vous vous êtes peut-être rendu compte aussi qu'une vie de plaisir n'est pas vraiment une vie simple. Pour pratiquer les arts féminins, il faut faire preuve d'une discipline interne rigoureuse, qui nous permet de bénéficier pourtant d'un retour exponentiel sur l'investissement que l'on place dans soi-même et dans nos désirs.

On ne peut pas s'attendre à avoir un corps splendide si on ne s'entraîne pas. De la même façon, il n'est pas possible de libérer la déesse qui est en nous et nos côtés magiques, excitants, si nous ne prenons pas soin de notre propre plaisir.

On peut devenir aussi dépendante du plaisir qu'on a pu l'être à la médiocrité, au compromis et au doute. Mais l'habitude d'aller s'entraîner à la salle de sport, par exemple, est plus difficile à conserver que celle d'attraper le sachet de Cheetos ou le paquet de biscuits. Notre conditionnement est si puissant qu'il pourrait fort bien réussir à vous convaincre de recommencer à tricher avec vos propres pensées, comme lorsqu'on se dit : « Allez, poupée, mange ce sachet de chips, ne pense plus à tes orgasmes. »

Vous allez donc inévitablement vous retrouver dans des situations où vous devrez rester forte. Être une sœur déesse signifie affirmer : « Je m'apporte plus à moi-même et je donne davantage au monde quand je suis satisfaite » et prendre le temps de se gâter, peu importe les obstacles qui se dressent devant nous. Si vous vous consacrez au plaisir, vous en serez grandement récompensée. Réfléchissez-y bien. Si vous vous penchez sur votre passé, vos moments préférés ne seront sans doute pas ceux où vous vous êtes goinfrée, ceux où vous travailliez trop ou encore où vous vous êtes privée. Si vous êtes comme moi, vos moments préférés sont peut-être les baisers auxquels vous vous êtes abandonnée, des expériences sensuelles luxueuses et saisissantes, de fabuleux soupers avec des amis, des voyages dans des endroits exotiques, les flirts passionnés que vous avez connus, l'odeur du corps de votre amant, ou l'irrésistible beauté de l'océan quand le jour se lève.

Croyez-moi, les risques en valent la peine. Croyez-vous que, quand j'ai commencé mon aventure, j'*espérais* diriger un jour le Centre de la Chatte, États-Unis? Croyez-vous que je *voulais* que mon travail tourne autour de l'épanouissement sensuel des femmes? Ne pensez-vous pas que j'aurais préféré que ma vie repose sur quelque chose de bien plus acceptable, socialement? Je vous assure que j'ai tout essayé. Mais ce sont les arts féminins qui ont, pourtant, changé ma vie.

Parfois, il est extrêmement difficile, sinon impossible, d'étendre le bras pour saisir ce que l'on veut. On se cramponne si fort à nos doudous qu'on ne voit pas le serveur qui passe avec son plateau couvert de tasses de café latte ou au lait. C'est à ce moment que votre réseau de sœurs déesses s'avère inestimable. Prenez soin de votre propre groupe de femmes qui ne veulent que le meilleur les unes pour les autres, qui veulent continuer à toujours plus s'amuser dans la vie... et à voir leurs SD en faire de même. C'est cela, ma chère, la véritable révolution féminine.

∽

Avant de nous séparer, je veux vous rappeler quelques points clés que nous avons abordés dans notre formation en arts féminins. Savoir que ce cube de bouillon de sagesse concentrée se trouve à la fin de ce livre peut vous aider à garder le cap si vous vous sentez momentanément partir à la dérive.

J'espère que vous garderez toujours ce guide sous la main et que, chaque fois que vous aurez l'impression que l'influence corrosive du patriarcat dans laquelle nous baignons menace votre plaisir instinctif, vous le feuilletterez jusqu'à cette section afin de ressusciter la déesse qui est en vous et sa sagesse innée. Mais, bien sûr, vous n'avez pas à attendre avec masochisme d'être sur le point de vous effondrer pour profiter de ce résumé des arts féminins. Relisez-les à tout moment pour que votre bonheur reste fort, vivant, rayonnant.

Les arts féminins – Aide-mémoire

- Faites-vous plaisir au moins une fois par semaine, peu importe de quelle façon : un massage, une manucure, un bain ou une douche aux chandelles, une heure de tranquillité, les pieds levés, à lire des magazines.

- Respectez des rituels qui rendent hommage à votre corps.

- Vantez-vous au moins une fois par jour.

- N'acceptez aucun compromis. Ayez toujours l'intention d'obtenir ce que vous voulez.

- Investissez en vous-même. Lisez un bon livre, faites de l'exercice, allez faire une promenade toute seule.

- Faites le nécessaire pour connaître le plaisir sensuel. Souvenez-vous que, pour donner du plaisir, vous devez connaître le plaisir.

- Dressez une liste détaillée de tout ce que vous désirez, et conservez-la, en y ajoutant régulièrement tous les nouveaux éléments. Regardez-la changer au fil du temps, tandis que vous pratiquez vos arts féminins.

- Entretenez votre réseau de sœurs déesses.

- Continuez d'être reconnaissante pour tout ce que vous avez et de présenter vos remerciements.

Pour finir, la marraine de ce livre voudrait nous dire un petit mot. Je crois que, si elle pouvait parler, notre Chatte nous dirait quelque chose qui ressemblerait à :

Je peux vraiment vous ébahir

Si vous allez dans mon sens

Et me faites vraiment, vraiment plaisir.

Ce n'est pas un trop mauvais marché, ma chère. En fait, c'est la proposition la plus intéressante que vous pourriez recevoir. De toute façon, qu'avez-vous à perdre ?

Affectueusement,

Achevé d'imprimer
au mois de mai 2014
sur les presses de l'imprimerie Lebonfon
à Val d'Or (Québec).